MARIO CORTESI

MIT VOLLGAS ZUM ERFOLG

Kreiere die größte Vision für dein Leben, denn du wirst das, an was du glaubst.

IMPRESSUM

3. Auflage Dezember 2018

Herausgeber Believe In You GmbH, 8956 Killwangen
Copyright © Mario Cortesi 2018

Produktion Agentur Mastertyping
www.Mastertyping.com

Projektkoordination / Textbearbeitung Annette Hildebrand
Annette.Hildebrand@mastertyping.com

Lektorat Maria Weickardt

Umschlaggestaltung und Layout Peter Frankemölle
www.digitales-in-schön.de

Layout Assistenz Sania Haschemi

Umschlagfoto Mario Cortesi © Jenni Rolf

Umschlagfoto Auto © mit freundlicher Genehmigung der Lamborghini Pressestelle, Schweiz

Druck & Bindung www.berliner-buchdruck.de
Printed in Berlin, Germany Dezember 2018

ISBN 978-3-033-06263-4

INHALT

Vorwort	5
1. Wie alles begann	6
2. Die Jahre im Heim	9
3. Der Absturz zum Junkie	18
4. Auf Entzug	26
5. Der richtig tiefe Fall	33
6. Die 180-Grad-Drehung	49
7. Clean und wie neugeboren	55
8. In fünf Jahren zum erfolgreichen Unternehmer	61
9. Tipps, wie du dein Leben auf Erfolgskurs bringst	106
Danksagung	146
Schlusswort	147
Empfehlungen	148

VORWORT

**GIB NIE, NIE, NIEMALS AUF. DU KANNST ALLES ER-
REICHEN, WENN DU ES NUR WILLST.
MARIO CORTESI**

Dieses Buch erzählt die beeindruckende Geschichte des erfolgreichen Unternehmers Mario Cortesi. Bereits als Kind fliegt er von der Schule und kommt für ein paar Jahre in ein Heim für schwer erziehbare Kinder. Als Jugendlicher gerät er in die Drogenszene Zürichs, wird abhängig, beginnt zu dealen und verfällt der Beschaffungskriminalität. Schließlich landet er mit gerade einmal 19 Jahren im Gefängnis.

Doch von ganz unten schafft er eine 180-Grad-Drehung. Er entdeckt, was eigentlich in ihm steckt: eine unbeugsame Willenskraft, mit der er alles erreichen kann, wenn er es nur will. Cortesi beginnt, seine gesamte „Macher-Energie" in seine körperliche Fitness und seinen beruflichen Werdegang zu stecken. Nach wenigen Jahren wird er zum Millionär in der Immobilienbranche.

Dieses mutige und zutiefst ehrliche Buch ist all denjenigen Lesern gewidmet, welche sich selbst gerade an einem Wendepunkt in ihrem Leben befinden. Mit seiner mitreißenden Geschichte, genialen Insider-Tipps und effektiven Übungen inspiriert Mario Cortesi den Leser, über sich hinauszuwachsen. Alles hat eine Lösung, wenn man es nur anpackt.

1. WIE ALLES BEGANN

Meine frühe Kindheit verbrachte ich auf dem Sennenberg in der Schweiz. Zwar waren wir nicht arm, aber es war doch kein einfaches Leben. Wir mussten zu Hause viel mithelfen. Im Garten bauten wir eigenes Gemüse an, jeden Tag sammelten wir Holz und kehrten den Hof.

Für uns Kinder war es trotz der körperlichen Arbeit ein kleines Paradies. Wir spielten stundenlang auf den Wiesen und im Wald, und abends fielen wir glücklich und müde ins Bett. Ich wuchs mit vier Mädchen auf. Der Bauer nebenan hatte zwei Töchter und ich hatte zwei Schwestern. So gab es für mich leider keine Jungs als Spielkameraden, mit denen ich meine Kräfte hätte messen können. Das hat mir immer sehr gefehlt.

Im Kindergarten und in der Schule hatte ich von Anfang an Probleme. Einmal kam ich sogar mit einem Messer in den Kindergarten und erschreckte die anderen Kinder. Ich wollte ihnen natürlich nichts tun, aber trotzdem hatten alle danach Angst vor mir, und ich hatte eine noch schwierigere Zeit dort.

Als ich in die erste Klasse ging, stand ich oft vor der Tür, weil ich den Unterricht störte. In der zweiten Klasse durchliefen wir zehnmal einen Lehrerwechsel. Das war natürlich extrem und hat mir nicht gerade weitergeholfen. Bald wurde ich nicht mehr zwei-, dreimal pro Woche aus dem Klassenzimmer geschickt, sondern pro Tag. In der dritten und vierten Klasse änderte sich daran überhaupt nichts. Erst in der fünften Klasse hatte ich eine

Lehrerin, die mich etwas mehr im Griff hatte, aber in meiner Freizeit machte ich weiter wie bisher. Meine Mutter musste regelmäßig in der Schule erscheinen und sich immer wieder anhören, was ich angestellt hatte.

Meine Eltern wussten sich keinen Rat mehr. Wenn ich heute daran zurückdenke, verstehe ich ihre Verzweiflung. Ich konnte einfach keine Sekunde stillsitzen, und erst sehr viel später lernte ich mit meiner überschüssigen Energie so umzugehen, dass sie mir und anderen nicht mehr schadete, sondern im Gegenteil großes Glück brachte.

Die Schule drohte mir mit dem Ausschluss. Meine Eltern versuchten, mir ins Gewissen zu reden, aber das ging bei mir damals zum einen Ohr hinein und zum anderen wieder heraus. Ich sagte: „Ja, ok, ich hab's verstanden. Ich mach's nicht mehr." Anschließend ging ich aus dem Haus und machte genauso weiter wie bisher. In der fünften Klasse fing ich sogar an, zu rauchen. Und mit zwölf Jahren, auf einem Feuerwehrfest, kiffte ich zum ersten Mal. Genauer gesagt: Ich rauchte Marihuana.

Nach acht Jahren verließen wir das Haus am Sennenberg. Diese Trennung setzte meinen Eltern schwer zu. Der Umzug hatte zwei Gründe: Zum einen kam meine Schwester in die Lehre, und zum anderen wollten sie mich nicht nach Spreitenbach auf die Schule schicken, denn sie hatte keinen guten Ruf.

Vermutlich befürchteten sie, dass ihr umtriebiger Sohn noch schlechteren Einflüssen ausgesetzt gewesen wäre. Also kam ich an die Schule in Neuenhof. Leider ging der Plan meiner Eltern nicht auf.

Auch in Neuenhof änderte sich nichts, und es dauerte nur exakt sechs Monate, bis ich ins Heim musste.

Am Tag meiner Abreise ins Heim weinten wir alle. Meine Mutter hatte schweren Herzens eingewilligt, mich dort zwei Jahre zu lassen. Sie verabschiedete mich mit den Worten: „Mario, streng dich zwei Jahre an, sei anständig und dann hol ich dich hier raus."

Meine Eltern und meine Schwestern sind neben meiner Frau und meinen Kindern die besten Menschen, die mir je in meinem Leben begegnet sind. Sie haben mich wirklich immer in allem unterstützt, und der Zusammenhalt in meiner Familie war und ist sehr stark. Wir sind sicherlich keine typische schweizerische Familie. Stets wurde gelacht, geherzt und umarmt. Wir taten wirklich alles füreinander und unterstützten uns, wo es nur ging. Umso schlimmer war es für uns, als wir uns damals zum ersten Mal trennen und ich ganz alleine ins Heim ziehen musste.

2. DIE JAHRE IM HEIM

Am 21. Januar 1996 - mit gerade einmal 13 Jahren - stand ich zum ersten Mal traurig und allein im Haupteingang des Heims für schwererziehbare Kinder und Jugendliche. Insgesamt sollte ich zweieinhalb Jahre dortbleiben.

Die Regelungen im Heim waren streng. Morgens standen wir um 6.30 Uhr auf, wuschen uns und gingen hinunter zum Frühstücksraum. Wir halfen bei der Zubereitung des Frühstücks, beim Tischdecken und Abwaschen. Um 8.15 Uhr ging es in die Schule. Wir gingen gesammelt in einer Gruppe zum Schulhaus. Das Wohnhaus, das Schulhaus und die Ställe - das alles befand sich auf einem Gelände.

Um 12.00 Uhr gab es Mittagessen. Ich erinnere mich noch daran, dass ich schnell essen musste, um mir noch einen Nachschlag holen zu können. Wenn ich zu langsam war, gab es nichts mehr und ich musste bis zum Abendessen warten. Damals gewöhnte ich mir an, viel zu schnell zu essen, und ich bekam, als ich älter wurde, dadurch Magenprobleme.

Nach dem Essen halfen wir wieder beim Abräumen und Abwaschen. Von 13.30 bis 16.00 Uhr hatten wir nochmals Schule. Im Anschluss daran machten wir Hausaufgaben, und dann erhielt jeder von uns noch eine persönliche Aufgabe: den Hof fegen, die Ställe ausmisten oder den Boden putzen.

Um 18.30 Uhr gab es endlich Abendessen. Danach kam der

Moment, auf den ich den ganzen Tag gewartet hatte: Ich durfte mit meiner Familie telefonieren. Eigentlich wurde den neuen Kindern in den ersten Monaten das Telefonieren verboten, aber irgendwie hatten meine Eltern eine Sondererlaubnis für mich erhalten, weil ich so schlimmes Heimweh hatte.

Monatlich schickte mein Vater mir Telefongeld, welches ein Sozialpädagoge für mich aufbewahrte. Jeden Abend nach dem Abendessen gab er mir das abgezählte Geld für den Anruf. Ich ging zum Schultelefon, warf 80 Rappen ein und konnte ungefähr acht Minuten mit meiner Familie sprechen.

Die ersten Wochen im Heim waren besonders schlimm. Ich fühlte mich sehr einsam und weinte oft in der kleinen Telefonkabine. Auch meine Mutter weinte viel. Sie hatte wirklich alles getan, damit ich nicht ins Heim musste, aber letztlich konnte sie es doch nicht verhindern.

Nach der Telefonzeit durften wir spielen oder fernsehen. Bei mir fiel das meistens weg, weil ich wieder beim Rauchen erwischt worden war oder sonst einen Blödsinn angestellt hatte. Und so musste ich mal wieder eine Strafarbeit erledigen, während meine Mitschüler ihre Freizeit genossen.

Es gab drei „Raucher-Tarife" als Strafe. Beim ersten Mal, wenn du erwischt wurdest, musstest du sieben Franken in die Raucherkasse zahlen. Dieses Geld wurde einer Krebs-Hilfe gespendet. Pro Klassenjahr bekamen wir einen Franken pro Woche. Damals war ich in der siebten Klasse, sodass ich genau sieben Franken erhielt. Dieser Betrag wanderte regelmäßig in die Raucherkasse, weshalb ich praktisch nie Geld hatte.

Dafür spendete ich bereits in jungen Jahren – wenn auch unfreiwillig – einiges an die Krebshilfe.

Beim zweiten Raucher-Tarif wurden zweieinhalb Stunden Ausgang gestrichen, und beim dritten Mal musste man ein paar Stunden – drei oder vier, glaube ich – auf dem Bauernhof arbeiten. Im Schnitt wurde ich zwei- bis dreimal wöchentlich erwischt. So ging fast jeder Mittwoch- und Samstagnachmittag fürs Unkrautjäten, Hoffegen oder Ausmisten drauf. Egal, ob es regnete oder schneite.

Heute weiß ich gar nicht mehr, wie ich das mit dem Rauchen machte. Irgendwo zauberte ich immer Zigaretten her – trotz des Geldmangels. Auch wenn ich nichts hatte, bekam ich immer, was ich wollte. Ich tauschte, sparte und organisierte. Diese Willenskraft habe ich mir bis heute bewahrt, jedoch ausschließlich für positive Dinge. Sie ist für mich einer der wichtigsten Schlüssel zum Erfolg gewesen. Wenn du fest entschlossen bist, findest du immer einen Weg. Das geht gar nicht anders.

Ein weiteres Erlebnis prägte meinen Heimaufenthalt: meine „Straf-Sommerferien" auf einem Bauernhof. In der Schweiz hatten wir fünf Wochen Sommerferien. Davon durften wir drei Wochen zu Hause verbringen, zwei Wochen lang unternahmen wir etwas mit dem Schülerheim. Da ich aber eine Strafarbeit absitzen musste, schickten mich die Sozialpädagogen auf einen Bauernhof irgendwo in den Bergen. Morgens um halb vier Uhr fing dort der Arbeitstag an – umgeben von knurrigen Bergbauern. Da gab es keine freundlichen Worte, sondern nur Befehle und harte Arbeit. Das war für mich eine der schlimmsten Erfahrungen überhaupt.

Gegenüber von dem Bauernhof besitze ich heute eine Liegenschaft. Damals habe ich auf diesen Ort geflucht und gesagt: „Da geh' ich bestimmt nie wieder hin." Heute fließt von dort aus Geld, ohne dass ich dafür etwas tun müsste. Verrückt, wie das Leben so spielt.

Eines Tages ließ eine Lehrerin im Heim ihren Schlüssel am Schließfach stecken. Ich fand diesen und steckte ihn ein. Ein Mitschüler sah mich und ich weihte ihn notgedrungen in meine Pläne ein. Mit diesem Schlüssel kamen wir in den Schultrakt und direkt in das Heimbüro. Dort gab es eine Kasse für Ausflüge, in der sich ungefähr 1.500 Franken in bar befanden. Für uns Jungs bedeutete das damals ein Vermögen. Und so schlich ich mich nachts regelmäßig mit meinem Komplizen in das Büro und nahm jedes Mal ein paar Franken heraus. Nach und nach schlossen sich uns andere Kinder an. Bald waren wir eine kleine Diebesbande von acht Jungs. Natürlich blieb das nicht unentdeckt. Und so kam es, dass eines Abends der Heimleiter in unserem Zimmer stand. Er zog an meiner Matratze, sodass ich auf den Bettrost fiel und sagte nur: „Aufstehen, Decke nehmen, mitkommen." Da wusste ich: Unsere Diebesbande war aufgeflogen. Der Heimleiter lief mit mir aus dem Haus hinaus über das Gelände ins andere Hauptgebäude. Neben seiner Wohnung hatte er ein einzelnes Zimmer. Er sagte zu mir: „Für die nächsten Monate bleibst du hier, bis wir wissen, was wir mit dir machen sollen. Nach der Schule und dem Essen kommst du sofort wieder hierher. Kein Ausgang, auch nicht am Samstag und am Sonntag".

Zum ersten Mal in meinem Leben war ich wirklich eingesperrt und ich konnte mit niemandem sprechen. Für mich brach eine

Welt zusammen. Interessanterweise pflege ich heute mit dem Heimleiter einen sehr guten Kontakt. Er verfolgte meine Karriere, und ist sehr stolz, was aus seinem ehemaligen Schüler geworden ist.

David, einer meiner Mitschüler, durfte die Pferde des Heimleiters pflegen, wodurch er gewisse Privilegien hatte. Er war ein guter Freund von mir, und immer dann, wenn er die Pferde pflegte, stieg er übers Fenster in mein Zimmer, brachte mir Süßigkeiten oder Zigaretten mit und unterhielt sich mit mir. Auch das kam irgendwann heraus. Kurzerhand nahm mir der Heimleiter den Fenstergriff weg.

Aber ich war nicht auf den Kopf gefallen. Ich stopfte mir die Zigaretten und das Feuerzeug in die Unterhose, weil ich wusste: Dort durfte man mich nicht untersuchen. So schmuggelte ich die Sachen in mein Zimmer. Aus der Schule nahm ich mir außerdem einen Schraubenzieher mit, öffnete so das Fenster von innen und rauchte weiterhin. Auch das fand der Heimleiter heraus und verriegelte das Fenster komplett.

Abseits von meinem ganzen Unfug war ich wirklich traurig. Ich fühlte mich so einsam wie noch nie in meinem Leben, und so fing ich an, in der Bibel zu lesen. Bis heute erinnere ich mich an einige Stellen, zum Beispiel: „Der Glaube versetzt Berge." Diese Aussage beeindruckte mich. Stell dir vor, du bewegst einen Berg – und das nur mit deiner Willenskraft! Heute weiß ich, dass das möglich ist. Ich habe auch ein paar Berge versetzt und Dinge geschafft, an denen viele Menschen verzweifeln. Und wie oft habe ich jemandem begeistert meine neueste Idee erzählt und die Antwort war immer dieselbe: „Das geht doch nicht!"

Aber meine Ziele sind wahr geworden. Und warum? Weil ich an sie geglaubt habe.

Auch eine andere Aussage beeinflusste mich stark: „Was du sähst, wirst du ernten." Das fand ich sehr beruhigend. Leider verstand ich den Satz damals nicht vollends, denn ich säte weiterhin Ärger und erntete Strafen. Eigentlich war es ja ganz logisch. Man kann keine Äpfel ernten, wenn man Birnen sät. Genauso wenig kann man Erfolg und Geld ernten, wenn man Ärger und Probleme sät. Erst viel später verstand ich die wahre Bedeutung und fing an, andere Dinge zu säen: Ehrlichkeit, Pünktlichkeit und exzellente Arbeit.

Aber kommen wir zurück zu meiner Kindheit im Heim: Eines Tages entdeckte ich im Bad einen Luftabzug. Wenn ich mich auf den Spülkasten stellte, konnte ich dort hineinrauchen und der Heimleiter merkte so nichts. Jedoch gab es über meinem Zimmer eine weitere Wohnung. Der Schüler, der dort lebte, roch irgendwann den Rauch und alarmierte den Heimleiter. Dieser durchsuchte daraufhin mein gesamtes Zimmer nach Zigaretten, fand aber nichts, da ich sie in der Lüftung versteckt hatte. Also ging er wieder, und ein paar Stunden später rauchte ich erneut.

An einem Sonntag passierte aber dann die Katastrophe: Der Spülkasten brach beim Rauchen ab. Das Wasser sprudelte aus der Leitung heraus und bedeckte bald den ganzen Fußboden. Ich wurde panisch und klopfte schreiend an die Fenster und Türen. Es machte mir Angst, eingesperrt zu sein, während das Wasser unaufhörlich lief. Jedoch hörte mich niemand, nicht einmal die vorbeilaufenden Spaziergänger. Erst nach Stunden wurde ich aus dem nassen Zimmer befreit – mehr aus Zufall, denn der Heimleiter wollte lediglich nach dem Rechten sehen und fand mich schlotternd vor Kälte und Nässe auf den Tisch gekauert.

Das zweite Jahr im Heim begann. Es war gerade Januar, und plötzlich machte es bei mir „klick". Ich erinnere mich noch an ein Telefonat mit meinem Cousin. Damals sagte ich immer: „Die Lehrer, die Schüler, die anderen, das sind alles Arschlöcher." Mein Cousin hatte selbst eine schwierige Kindheit, weshalb ich enormen Respekt vor ihm hatte. Er wusste was es hieß, Probleme zu haben, und meinte nur zu mir: „Mario, vielleicht sind ja zur Abwechslung nicht die anderen die Arschlöcher, sondern du bist das Arschloch."

Der Satz ist mir richtig eingefahren. So durfte nur mein Cousin mit mir reden – das war klar. Ich habe mich später in der Therapie noch oft an diesen Satz erinnert. Er hatte Recht! Denn mal ganz ehrlich: Wie kann die ganze Welt aus Arschlöchern bestehen und nur man selbst richtigliegen? Da stimmt doch dann etwas nicht. Wenn ich heute jemanden höre, der meint, dass immer die anderen schuld seien, dann erinnere ich mich jedes Mal an den Rat meines Cousins. Wenn du dich selbst also dabei erwischst, wie du denkst „Alle liegen falsch", dann überleg einmal, ob es nicht anders herum ist.

Hinzu kam, dass mein bester Kumpel am Ende des Jahres das Heim verlassen sollte. Mir wurde bewusst: Wenn ich wieder nach Hause zu meiner Familie wollte, dann musste ich sofort aufhören, Ärger zu machen. Und es war wirklich so, als hätte man bei mir einen Schalter umgelegt. Von heute auf morgen hatte ich die besten Noten im Benehmen! Plötzlich war ich der

Anständigste im Heim und hatte zum ersten Mal überhaupt Ausgang. Ich rauchte nicht mehr und gab den ganzen Blödsinn auf, denn ich hatte ein klares Ziel vor Augen: Ich wollte im Sommer das Heim verlassen und das letzte Schuljahr zu Hause abschließen. Es war ein bisschen wie bei Saulus und Paulus. Die Lehrer betrachteten mich immer wieder überrascht, wie stark ich mich gewandelt hatte. Sie hatten sicherlich nicht damit gerechnet, dass ich die Kurve bekommen würde. Aber das Ding ist eben: Wenn du einmal erkannt hast, dass etwas falsch läuft, kannst du es ziemlich schnell ändern, denn das Leben ist so, wie du es sehen willst. Wenn du nur Arschlöcher um dich herum siehst, dann wirst du blind für deine eigenen Fehler. Oder du entscheidest dich eben dafür, etwas Positiveres zu denken – etwas, was dich voranbringt. Du wirst staunen, wie schnell sich dein Leben dann verändert.

Nachdem alles gut lief, holte mich meine Mutter im Sommer nach Hause. Die Freude war unbeschreiblich und ich dachte mir: „Ich bau' nie wieder Mist. Hauptsache ich komme nicht mehr ins Heim." Dieser Zustand dauerte jedoch nicht lange an und wie ein Magnet zog ich bald wieder den Ärger an. Heute kann ich mir das nur so erklären: Ich hatte schon immer unglaublich viel Energie. Jetzt, als Erwachsener, schätze ich mich als Macher ein, jemand, der die Dinge anpacken und etwas Konkretes schaffen muss. Als Kind wusste ich mit dieser Schaffenskraft noch nichts anzufangen und langweilte mich oftmals.

Nach meinem Heimaufenthalt änderte sich das – zumindest kurzfristig. Ich steckte meine überschüssige Energie in sinnvolle Dinge: Ich las, lernte, half meinen Eltern und arbeitete. Jedoch konnte ich nicht in meine alte Schule in Neuenhof zurückkehren. Sie nahmen mich einfach nicht mehr auf. Stattdessen fand meine Mutter eine andere Schule in Baden.

In der Schweiz dauert die Grundausbildung in der Schule neun Jahre. Anschließend kann man freiwillig ein weiteres Jahr in die Berufswahlschule (BWS) gehen. In Baden gab es diese BWS schon ab der neunten Klasse. Es war ein Pilotprojekt. Dank meiner Mutter konnte ich daran teilnehmen. Sie nahm mich damals zur Seite und sagte: „Mario, ich habe mich für dich weit aus dem Fenster gelehnt. Ich vertraue dir und ich glaube an dich." Meine Mutter war wirklich der einzige Mensch, der immer für mich gekämpft hatte. Auch wenn alle anderen mich schon aufgegeben hatten, sie glaubte an mich. Bis heute staune ich über ihre Stärke. Sie muss einen unfassbaren Glauben an das Gute haben, denn sie hat in mir immer die besten Seiten gesehen. So bekam ich also die Möglichkeit, die BWS Baden zu besuchen. Ich wusste: Das war meine letzte Chance, die Schule abzuschließen. Nicht nur ich, auch meine Familie war außerordentlich nervös. Wir alle hofften, dass es gut gehen würde. Jedoch fand ich schnell wieder Anschluss zu Leuten, die nur Blödsinn im Kopf hatten. Hinzu kam, dass ich als Landmensch nun in der Stadt Baden lebte. Da wehte ein ganz anderer Wind. Mit dem Rauchen hatte ich wieder angefangen - und zwar schlimmer als früher. Ich war unpünktlich, frech, machte, was ich wollte, lenkte die anderen ab und schwänzte die Schule. Ich probierte Kiffen aus, auch LSD und Ecstasy blieben nicht unversucht. Von meiner 180-Grad-Drehung war bereits nach wenigen Wochen nichts mehr zu spüren, und so bekam ich schnell die Quittung für mein Verhalten: Nach nur fünf Monaten flog ich von der Schule. Und das schlimmste Kapitel meines Lebens sollte noch vor mir liegen.

3. DER ABSTURZ ZUM JUNKIE

Ohne Schulabschluss musste ich mich auf die Suche nach einer Lehrstelle machen. Eigentlich wollte ich immer Koch werden. Gutes Essen ist für mich sehr wichtig. In meiner Familie wurde immer sehr lecker gekocht. Deshalb fand ich es logisch, aus dieser Leidenschaft einen Beruf zu machen.

Aus meiner heutigen Erfahrung weiß ich: Egal, was du machst, du brauchst Leidenschaft dafür. Ein Job, der dich nicht motiviert, eine Branche, die dich nicht interessiert – das führt nur zu elendiger Schufterei. Wenn du deine Leidenschaft zum Beruf machst, verdienst du dein Geld mit Leichtigkeit. Natürlich musst du deine Sache auch gut machen, dich fortbilden und fleißig sowie fokussiert arbeiten – sonst wird das nichts.

Die Suche nach einer Lehrstelle gestaltete sich mit all meinen schlechten Bewertungen nicht einfach. Auch meine Einstellung ließ zu wünschen übrig. Ich war in meinen Flegeljahren, schlief lange und dachte: Vielleicht wächst das Geld ja auf den Bäumen! Ich habe sehr deutlich erfahren, dass es nicht so ist.

Wie schon gesagt: Geld kommt mit Leidenschaft, Fleiß, Ausdauer und durch ein „reiches Denken". Wenn du ständig denkst „Das klappt sicher nicht" oder „Mein Konto ist eh im Minus", dann wird das mit dem Geldverdienen nichts. Hast du hingegen eine positive Einstellung gegenüber den Finanzen, zum Beispiel „Da muss ich mir keine Sorgen machen" oder „Ich habe immer genug", dann wird das Geld auch fließen. Natürlich funktioniert das auch nicht, wenn du nur auf der Couch herumliegst. Du musst aufstehen und kontinuierlich etwas dafür tun. Davon hatte ich aber damals noch keine Ahnung.

Mein Vater sagte mir sehr deutlich: „Ich helfe dir sicher nicht, wenn du den ganzen Tag herumpennst. Du gehst arbeiten und hörst auf, unseren Namen in den Schmutz zu ziehen." Seine Worte hatten damals zum Glück noch eine Wirkung auf mich. Ich fragte ihn, ob er mich nicht in seiner Firma unterbringen konnte. Mein Vater hatte dort eine hohe Position, aber er lehnte den Vorschlag sofort ab: „Kommt gar nicht in Frage." Anders als meine Mutter hatte er kein Vertrauen mehr in mich und wollte nicht, dass ich ihm in seiner Arbeit Ärger machte.

Ein Kollege erzählte mir wenig später von einem Malergeschäft, das eine Lehrstelle zu vergeben hatte. Dort arbeitete ich auf Probe, und zu meiner Überraschung bekam ich die Stelle sofort - ohne Schulabschluss! Da hatte ich wirklich ein Riesenglück.

Das war im April 1999. Bevor die Lehre begann, arbeitete ich drei Monate als Aushilfs-Koch, um mir etwas Geld zu verdienen. In meinem Job wurde ich viel gelobt, was mich sehr freute. Ich war sogar so gut, dass mir eine feste Stelle als Koch anboten wurde, aber ich wollte erst meine Lehre machen. Obwohl ich in der Schule nur Probleme hatte, war ich scheinbar gut im Arbeiten. Es machte mir einfach Spaß, weil ich meine Energie sinnvoll nutzen konnte. Vielleicht lag es auch an der Erziehung meiner Eltern. Sie waren immer liebevoll zu mir gewesen, aber auch streng, und legten Wert auf einen geregelten Tagesablauf.

Im Sommer begann ich dann meine Lehrzeit. Gleich zu Beginn lernte ich einen Mitlehrling kennen, Santiago. Er war noch schlimmer als ich und hatte praktisch seine ganze Schulzeit im Heim verbracht. In dieser Zeit war er bereits kleinkriminell unterwegs gewesen. Wir wurden sofort beste Freunde - und dann fing es an: Ich ging mit ihm zum stehlen. Wir brachen in Clubhäuser ein und erbeuteten so 100 bis 200 Franken. Das war damals für uns viel Geld. Zum ersten Mal probierte ich auch Kokain und andere angesagte Drogen aus, zum Beispiel halluzinogene Pilze.

In den Ferien fuhr ich mit Santiago nach Italien. Wir kifften regelmäßig und drehten krumme Dinger. Einmal fuhren wir nach Udine und kauften in einem Supermarkt Sprayfarben. Dann gingen wir durch die Stadt und suchten uns ein geeignetes Ziel. Uns fiel die Tiefgarage sofort ins Auge. Damals gab es dort keine Überwachungskameras, und wir besprühten einfach alle Autos. Darunter war auch das Auto eines Bürgermeisters aus Norditalien. Da Nord- und Süditalien damals Krach miteinander hatten, schrieben wir ihm ein paar süditalienische Sprüche aufs Auto. Er muss getobt haben, als er das sah, aber wir waren zu „high", um an die Konsequenzen zu denken.

Anschließend kletterten wir einen 30 Meter hohen Kran hinauf. Dort oben kifften wir noch einmal, was das Zeug hielt. Völlig „stoned" sind wir dann herumbalanciert und machten Mutproben. Ich glaube, wir hielten uns echt für unsterblich. Wie Seiltänzer wankten wir bis ganz vorne auf den Arm des Krans und posierten heldenhaft. Mir wird heute bei der bloßen Vorstellung schwindelig, dass meine Söhne so etwas machen könnten. Wir haben wirklich Kopf und Kragen für unseren verbotenen Spaß riskiert. Am nächsten Tag standen wir erst mittags auf. Der Vater von Santiago hatte gehört, was passiert war und ahnte, dass wir das gewesen waren. Er war ein außergewöhnlich feiner und anständiger Mensch. Als er uns fragte, was wir gestern gemacht hätten, logen wir und sagten, dass wir von nichts wüssten. Dabei hatten wir sogar noch Farbflecken an den Fingern. Schnell verbargen wir unsere Hände in den Hosentaschen. Doch er hatte es schon gesehen. Zu allem Überfluss fand er auch unsere Spraydosen, aber er blieb erstaunlich ruhig und wollte wohl warten, bis er mit uns in Ruhe sprechen konnte. Irgendwie hatten wir Glück und er beließ es dabei.

Am nächsten Tag erkundeten wir eine Kleinstadt in der Nähe von Udine, und Santiago meinte: „Mario, pass auf, jetzt organisier' ich mal was. Du wirst sehen, das ist das Geilste." Er ging in ein Dealer-Viertel und kaufte Heroin. Ich sagte zu ihm: „Vergiss es, das mach' ich nicht." Einer meiner Cousins hing bereits mit 17 an der Nadel. Deswegen war für mich klar: Von Heroin lasse ich die Finger weg.

Trotzdem muss ich sagen: Drogen haben mich immer interessiert. Damals gab es ganze Straßen und Plätze voller Junkies in Zürich: am Platzspitz, am Letten und in der Langstraße. Mein Vater fuhr mit uns mit dem Auto hindurch. Er zeigte uns die zuckenden Junkies und die Dealer, die „Koki-Sugar" flüsterten, und wollte uns so abschrecken. Doch das Gegenteil war der Fall. Es faszinierte mich, obwohl ich wusste, dass es verboten war – oder besser gesagt: Gerade deshalb fand ich es aufregend.

Ich erinnere mich noch an eine andere Begebenheit: Als Achtjähriger stand ich auf einer Brücke in Zürich und sah einen Mann neben uns mit einer Spritze hinterm Ohr. Und auch hier überwog die Faszination. Das Komische ist, dass ich ein sehr gepflegter Mensch bin. Ungepflegtheit und Schmutz stoßen mich ab, und trotzdem war da etwas, ein Sog, der mich magisch anzog. Genauso ging es mir mit Santiago in Italien. Er bot mir Heroin an, und es überkam mich diese obskure Neugier. Dieses Mal siegte aber die Angst und ich schrie: „Das darfst du nicht nehmen. Wenn du das einmal nimmst, wirst du gleich süchtig."

Santiago lachte nur und meinte: „Quatsch, ich hab' das schon zehnmal gemacht und da passiert nichts. Es ist so geil. Du musst das ausprobieren." Jedoch war ich damals total entschieden. Ich sagte zu ihm: „Weißt du was, wenn du diesen Scheiß nimmst, pack' ich meine Sachen und fahr direkt nach Hause." Und das habe ich auch gemacht.

Einen Monat später sind Santiago und ich in einen Club in Altstetten gegangen. Dort gab es illegale Goa-Partys, bei denen man problemlos kiffen konnte. Die Musik war unglaublich laut und alles war verraucht. Ich hatte mir bereits zwei oder drei Tabletten geschmissen, als mich Santiago zur Seite zog und meinte: „Schau mal, ich hab' da was. Damit kommst du wieder runter." Ich war schon ganz matschig in der Birne vom vielen Speed und Ecstasy, und so habe ich zum ersten Mal Heroin auf Folie geraucht.

Meine ältere Schwester Claudia hatte bald mitbekommen, dass ich gelegentlich Koks nahm. Sie meinte immer wieder: „Aufpassen, Mario!" Das half damals aber auch nichts mehr. Schon zwei Tage nach der Party in Altstetten rief ich Santiago an und meinte: „Komm, lass uns noch einmal was organisieren." Und dann ging es los mit dem Heroin.

Ich erinnere mich sogar daran, dass ich Claudia zeigte, wie man auf Folie raucht. Zum Glück wurde ihr gleich schlecht davon und sie hat es nie wieder probiert. Später habe ich mich dafür echt geschämt, meine Schwester zu so einem Mist zu verleiten! Dabei wollte ich sie nur an meiner Erfahrung teilhaben lassen. So bin ich nun einmal. Ich will alles mit meiner Familie teilen. Heute lebe ich im absoluten Reichtum und teile auch das mit ihnen.

Nach zwei Wochen konsumierte ich täglich. Am Anfang kostete es mich rund 20 Franken pro Tag. Das wurde aber ziemlich schnell mehr und damit fing das Problem der Beschaffung an. Wie kommst du an Geld für den Stoff? Nach zwei Jahren brauchte ich sogar 200 bis 300 Franken täglich. Und das war nur die Rechnung für das Heroin! Zusätzlich nahm ich Kokain. Im Nachhinein staune ich, wie viel Geld da durch meine Hände geflossen war, und wie viel ich einfach aus dem Fenster geworfen hatte.

Mit dem steigenden Drogenkonsum brach ich auch meine Lehre ab. Ich dachte: „Das sind doch sowieso alles nur Arschlöcher." Es war genau derselbe Spruch wie im Heim. Die Drogen hatten mich wieder komplett auf den Kopf gestellt. Das muss man sich einmal vorstellen: Ich hatte so sehr um eine Lehrstelle gekämpft und dann hatte ich das für Drogen in wenigen Wochen einfach in die Tonne getreten!

Mit den Drogen wurde mein Selbstvertrauen riesengroß – oder zumindest wirkte es so. Eigentlich war es eher mein Ego, das riesengroß wurde. Ich dachte: „Ich bin der Coolste, der Stärkste, der Beste." Damals war ich davon überzeugt, dass alles gut war, was ich machte. Zu allem Überfluss zog ich in die Langstraße in Zürich, direkt in die Drogen-Meile. Mein Kumpel brachte mich auf die Idee. Irgendwann meinte er zu mir: „Mir stinkt's, jeden Tag nach Zürich zu fahren, ich such mir ein Zimmer dort. Machst du mit?" Natürlich war ich sofort dabei. Ziemlich schnell fanden wir eine Wohnung in der Langstraße direkt am Limmatplatz. Wir zahlten um die 500 Franken für ein möbliertes Zimmer mit Gemeinschaftsküche und Bad.

Mein Lehrmeister versuchte, mich davon abzuhalten. Er wusste vermutlich, worauf das hinauslaufen würde. Auch meine Eltern und meine Schwestern versuchten, mich zum Bleiben zu überreden, aber ich schoss alle Warnungen in den Wind und zog nach Zürich. Ich weiß noch genau, wie unser erster Abend dort ablief: Es lag eine Spritze vor dem Hauseingang und irgendjemand schiss uns direkt vor die Türe. Das war alles nichts Ungewöhnliches in der Langstraße, wie ich bald feststellen sollte. Wir waren mitten in der Junkie-Szene angekommen. Das Leben hier fand nachts statt, und gleich vor unserer Wohnung begann die Partymeile. Es war Mai und ich war damals gerade einmal 17 1/2.

Mein Vater rief mich oft an und wollte mich zurück nach Hause holen. Auch mein Lehrmeister bemühte sich ungeheuer um mich. Er nutzte sogar seine Kontakte aus und organisierte mir eine neue Lehrstelle in Zürich, aber ich steckte schon zu tief in den Drogen drin und lehnte alles ab, was sie mir anboten. Ich genoss lieber das Leben, zumindest dachte ich das damals.

Eigentlich dröhnte ich mich nur zu und machte mir anschließend Gedanken, wo ich den nächsten Stoff herbekam.

Eine Freundin hatte ich während dieser Zeit auch. Sie besuchte mich häufig in der Langstraße und hielt es trotz meines Junkie-Daseins mit mir aus. Zum Glück hatte sie aber nichts mit Drogen zu tun. Überhaupt hatte ich immer Freundinnen, die sehr abstinent lebten. Keine hatte je etwas mit Drogen zu tun. Meine heutige Frau trinkt auch nur sehr selten Alkohol.

Es dauerte nicht lange, bis ich wieder kriminelle Sachen drehte. Drogen zu konsumieren ist ja sehr teuer. Es fing mit kleinen Betrügereien an: Mein Kumpel tippte in seinem Job bei Mister Minit immer wieder Aufträge nicht ein und steckte sich das Geld in die eigene Tasche. Das ging eine Weile lang gut und so konnten wir in Ruhe weiter konsumieren, aber bald reichte uns auch dieses Geld nicht mehr. Das Verflixte mit den Drogen ist ja, dass du nie genug bekommst, sondern für denselben Kick immer mehr und mehr brauchst. Wir sind dann öfter in Restaurants eingebrochen, und so landete ich in der Beschaffungskriminalität.

4. AUF ENTZUG

Die Zeit der Drogen war wie Himmel und Hölle in einem. Ich erinnere mich an schöne Nachmittage am Zürichsee. Mein Kumpel und ich lagen „high" im Gras, schauten den Wolken nach, wie sie über den blauen Himmel segelten, und lachten wie kleine Kinder. Aber wehe, ich war auf Entzug! „Auf dem Aff(en)" nennen wir das in der Schweiz. Dann ging es los: Der ganze Körper schmerzte vor Krämpfen, mir wurde speiübel, ich hatte rasende Kopfschmerzen und begann, wie ein Verrückter zu schwitzen. Das war die Hölle. Und dann kam wieder die große Erleichterung, wenn ich mir Stoff kaufte, mich in einer Bahnhofstoilette einsperrte und mir die nächste Dosis gab. Ich hatte mir ein paar Augenblicke vom Himmel gekauft, bevor wieder die Hölle begann.

Eigentlich war es nur die Vorhölle. Richtig tief unten war ich erst, als ich sah, wie Junkies vor mir zusammenbrachen und Freunde an einer Überdosis starben. Diese Bilder bekomme ich auch heute nicht aus dem Kopf. Kokain wird ja gerne mit Glassplittern gestreckt. Damit kann man sich leicht die ganzen Nasenhöhlen innerlich zerschneiden. Beim Schnupfen merkst du nicht, wann es genug ist und musst auch nicht wie bei anderen Drogen kotzen. Du hast das Zeug direkt im Blut und wenn dir schlecht wird, hast du einfach Pech. Ich hatte damals schon ziemliche Atemnot vom Koksen. Bei einer Untersuchung haben die Ärzte später festgestellt, dass meine Nasenwand bereits total kaputt war. Das größte Problem sind die billigen, gemischten Drogen. Der Stoff, den man auf der Straße kaufen kann, enthält noch circa zehn Prozent der Droge und 90 Prozent anderen Mist. Das ist halt das Geschäft: Von Dealer zu Dealer wird der Stoff mehr und mehr gestreckt. Im Gefängnis lernte ich später einen Dealer kennen, der saß, weil er zu reines Heroin verkauft hatte. Das hatte rund 60 Prozent Reinheitsgrad. Die Junkies, die bei ihm kauften, nahmen ihre übliche Ration ein und viele sind dadurch sofort an einer Überdosis gestorben.

In jener Zeit hatte auch ich beinahe eine Überdosis von der Droge PCP. Sie ist auch als „Angel Dust" bekannt und wurde eigentlich als Narkosemittel entwickelt. Nachdem Patienten aber reihenweise die verrücktesten Halluzinationen während Operationen erlebten, wurde es vom Markt genommen und verbreitete sich dann in den 1970er Jahren ziemlich schnell in der Drogenszene. Selbst unter Junkies hatte man großen Respekt vor PCP, weil die Wirkung so unterschiedlich sein konnte. „Angel Dust" zu nehmen, war wie russisches Roulette spielen.

Einmal nahm ich PCP auf einer Party. Danach ging ich zu einem Kumpel nach Hause und nahm noch andere Drogen. Plötzlich klappte ich zusammen und war weg. Ich war kurz vor einer Überdosis. Das Schlimmste ist dann, wenn du von dem Trip wieder herunterkommst. Die innere Unruhe und die Schmerzen sind einfach unerträglich. Das frisst dich fast auf. Du spürst deinen Körper nicht mehr und willst einfach nur noch, dass es aufhört.

Ich erlitt eine schwere Krise. Ich sah, wie kaputt alles um mich herum war: die Junkies, das Nachtleben, die Kriminalität. Es ist eine der dunkelsten Seiten des Lebens und eigentlich geht es nur um Zerstörung - vor allem um die Selbstzerstörung. Mein

Leben spielte sich fast nur noch zwischen 22.00 Uhr und 6.00 Uhr morgens ab. Ich sah kaum noch die Sonne, und mir ging es körperlich und geistig richtig schlecht.

So kam es, dass ich zu meinen Eltern zurückkehrte. Liebevoll wie sie sind, haben sie mich damals wiederaufgenommen. Selbst meine Lehre bekam ich wieder, weil ich bei dem Lehrmeister einen Stein im Brett hatte, aber er stellte eine Bedingung: Ich musste einen Entzug machen. Damals sagte ich sofort „ja". Es waren lediglich fünf Monate gewesen, seitdem ich mit Heroin und Kokain angefangen hatte. Trotzdem litt ich unter starken Entzugserscheinungen wie Schüttelfrost, Durchfall, Übelkeit und Gliederschmerzen. Das Ganze dauerte drei Wochen. Ich war froh über den Entzug und es schien, als ob mein Leben plötzlich wieder ganz normal verlaufen würde.

An einem Samstag holte mich mein Vater aus der Entzugsklinik ab. Es war schönes Wetter. Daran erinnere ich mich noch genau, und er kam mit dem Motorrad angefahren. Abends gab es ein Dorffest. Meine Eltern vertrauten mir wieder. Für sie war ich kein typischer Drogensüchtiger, sondern einfach auf die schiefe Bahn geraten. An dem Abend sagte ich: „Ich geh einen Freund in Zürich besuchen." Meinen Vater bat ich um 20 Franken für den Zug. Natürlich fuhr ich schwarz nach Zürich, ging zu meinem alten Kumpel und wir kauften Heroin. Heute kommt mir das vor, als wäre ich ferngesteuert gewesen. Eben noch hatte ich den Entzug beendet und schon war ich wieder mitten in den Drogen. Mit 20 Franken konnte ich die kleinste Menge an Heroin kaufen. Es gab eine Staffelung – Päckchen mit Heroin für 20, 30 oder 60 Franken.

Später fuhr ich wieder nach Hause, als wäre nichts geschehen. Am Abend nahm mein Vater mich in den Arm und sagte mir noch einmal eindringlich: „Lang den Mist nie wieder an. Bitte, Mario!"

Von meinem Lehrmeister bekam ich die Erlaubnis für Sonderurlaub, um mich richtig zu erholen und Abstand von der Drogenzeit zu bekommen. Meine ältere Schwester Tanja nahm mich mit in die Ferien. Sie reiste mit ein paar Freunden nach Lecce in Italien.

Zwei Wochen lang ging alles gut. Wir fuhren oft zu sechst im Auto, obwohl das verboten war. Eines Tages sahen wir vor uns eine Polizeikontrolle. Der Freund, der das Auto fuhr, rief: „Einer muss raus. Schnell, schnell!" Also sprang ich aus dem rollenden Auto, und der Wagen fuhr mir über meinen Fuß.

Sie brachten mich ins Spital. Mein Fuß war zum Glück nicht gebrochen, aber sehr stark gequetscht. Ich beschloss: „Ich fahr' nach Hause." Meine Schwester bezahlte mir das Ticket. Sie gab mir 100 Franken für die Verpflegung mit, und ich fuhr ganze 17 Stunden von Italien in die Schweiz. Die Reise über aß ich nichts. Sobald ich in Zürich angekommen war, ging ich direkt in die Langstraße und kaufte mir wieder Drogen. Ich sagte kurz „Hallo" zu Hause, ging dann wieder und konsumierte das Zeug nächtelang auf öffentlichen Toiletten.

Meine Eltern merkten immer noch nichts, weil ich wirklich sehr vorsichtig war. Ich kam wieder in die Lehre, und eine Zeit lang ging alles gut. Jedoch konsumierte ich regelmäßig, blieb bis 2.00 Uhr wach und musste um 6.00 Uhr wieder aufstehen. Irgendwie schaffte ich aber den Spagat zwischen der Lehre und dem Junkieleben. Meine Kumpels und ich brachen weiterhin in Restaurants ein, und dann ging ich einen Schritt weiter. Ich fing an, alten Damen die Handtasche zu klauen, oder wir gingen gemeinsam an einen Bankautomaten und warteten bis jemand dort Geld abheben wollte. Wenn derjenige seine Karte im Automat hatte und abgelenkt war, sprang einer von uns vor und klaute ihm das Portemonnaie. Hin und wieder nahmen wir sogar ein Taxi und ließen uns irgendwo weit hinausfahren. Dann hielten wir dem Taxifahrer ein Messer hin und nahmen ihm sein Geld ab. Ein anderer Trick war: Wir beobachteten Frauen, wenn sie ins Auto stiegen und ihre Handtasche auf den Rücksitz legten. Dann sprang einer von uns ans Auto, riss die Tür auf, nahm die Tasche heraus und wir liefen davon. Das war eine ganz dunkle Zeit. Es ging uns einfach um das nächste Geld für die Drogen.

Einmal waren wir zu fünft in einem Park unterwegs und raubten einen Mann aus. Einer meiner Kumpels schlug ihn mit der Faust, und er fiel einfach um. Wir rannten erschrocken weg, aber dann plagten mich und einen Kumpel das schlechte Gewissen. Wir kehrten um, halfen ihm auf, entschuldigten uns und erklärten ihm unsere Situation. Ich kann es bis heute nicht glauben: Der Mann war so nett, dass er uns mit zu sich nach Hause nahm. Er schenkte uns sogar Geld – für jeden einen Packen ausländische Währung. Das war wirklich erstaunlich, zu sehen, wie nett Menschen sein können.

Ich sank noch tiefer und fing mit dem Betteln an. Dafür hatte ich wirklich ein Talent. Unter meinen Freunden war ich immer der, der am meisten von allem hatte: Zigaretten, Geld, Drogen.

Man könnte sagen: Schon damals hatte ich ein Händchen für Geld. Ich glaube ja, dass jeder Mensch mindestens ein Talent hat, und wenn er es noch nicht entdeckt hat, dann ist dieses Talent vielleicht eher als Problem sichtbar. So wie bei mir: Meine ganze Macher-Energie, meine Willenskraft und mein Talent für Geld waren schon immer da, aber ich habe das Geld illegal gemacht und davon Drogen gekauft.

Mit dem Betteln machte ich locker 80 bis 100 Franken in einer Stunde. Ich stand meistens am Hauptbahnhof. Auf die Leute wirkte ich sympathisch, weil ich einfach auf sie zuging und sie anlächelte. Jedes Mal erzählte ich eine andere Geschichte: „Du, sorry, ich hab' meinen Zug verpasst und hab' kein Geld mehr für ein neues Ticket." Oder sonst etwas in der Art. Es waren natürlich lauter Lügen.

Schließlich begann ich, auch zu dealen. In Baden gab es einen Umschlagplatz, zu dem alle Drogensüchtigen kamen. Schon nach ein paar Wochen war ich richtig gut organisiert, verpackte die Ware in kleine Päckchen, ging zu dem Platz und – zack, zack, zack – hatte ich alles verkauft. Vormittags arbeitete ich bei dem Maler, dann machte ich Mittagspause und verkaufte Drogen. In einer Stunde verdiente ich schnell einmal 600 Franken. Die Hälfte davon konnte ich behalten.

Mein Konsum war gesichert - zumindest vorerst -, aber wie das so mit den Drogen ist: Man bekommt nie genug. So kam es, dass sich auch mein Konsum stetig steigerte. Ich blieb länger wach und verschlief immer öfter. In der Malerlehre wurde ich müder und fauler. Wenn ich eine Aufgabe in einem einzelnen Zimmer bekam, stellte ich die Leiter immer so vor die Tür, dass mein Vorgesetzter nicht hineinkam. Dann setzte ich mich auf einen Farbeimer und schlief. Sobald jemand zur Tür hereinkam, hörte ich das Quietschen der Leiter und tat sofort so, als würde ich hart arbeiten. Ich schloss mich auch stundenlang auf Toiletten ein, konsumierte Drogen und schlief. Natürlich hatte ich riesige Augenringe und sah total fertig aus.

Irgendwann merkte das auch mein Malermeister. Die Arbeit dauerte bei mir viel länger als bei anderen. Er wurde misstrauisch und begann, mich mehr zu überprüfen. Als er mich dann oft genug beim Nichtstun und total „high" erwischte, warf er mich hinaus. „Mit solchen Halunken will ich nichts zu tun haben", sagte er wütend. Da wurde ich noch frech: „Ja, dann leck mich, du Arschloch." Ich ging mit einer riesigen Wut im Bauch davon.

5. DER RICHTIG TIEFE FALL

Nachdem ich die Lehre endgültig geschmissen hatte, stürzte ich immer mehr in die Drogen ab. Ich nahm Kokain, Heroin und fing auch noch an, zu „basen". Zum „Basen" muss man Kokain mit Ammoniak auf einem Löffel aufkochen. So ziehst du die Essenz daraus und rauchst sie dann mit einer Wasserpfeife. Wir haben uns unsere Wasserpfeifen einfach aus PET-Flaschen gebaut. Wenn du das rauchst, gibt dir das so einen krassen Kick. Es ist kaum zu beschreiben. Es ist ähnlich wie beim Crack, und es macht dich genauso schnell kaputt. Da bin ich richtig tief in den Sumpf geraten, war ungewaschen und fertig - eben komplett abgefuckt.

Heute wiege ich ungefähr 86 Kilogramm, doch damals wog ich gerade einmal 60 Kilogramm und war nur noch Haut und Knochen. Kokain macht ja auf die Dauer und in der Dosis richtig aggressiv, und da fingen dann auch die Überfälle an. Damals lebte ich immer noch bei meinen Eltern. Zu Hause konnte ich natürlich nie richtig konsumieren, also schloss ich mich abends auf einer Bahnhofstoilette oder in einem Solarium ein, konsumierte und blieb dort über Nacht. Dann fuhr ich morgens mit dem ersten Zug wieder nach Hause. Später fing ich auch an, bei meiner Freundin zu konsumieren.

Es kam alles noch schlimmer. Ich lernte eine nette, junge Frau kennen, für die ich eine Wohnung renovieren sollte. Ich muss trotz der Drogen noch immer sehr sympathisch auf Menschen gewirkt haben. Sie gab mir für die Arbeit 10.000 Franken. Die

Wohnung nutzte ich, um in Ruhe meine Drogen zu nehmen. Ich ging in die Migros, um Farbe kaufen, fuhr mit dem Bus zur Wohnung und arbeitete gerade so viel, dass es nicht aufflog. Dann konsumierte ich, und oft übernachtete ich auch dort.

Meine damalige Freundin machte gerade ihre Lehre. Ich weiß wirklich nicht, wie sie es so lange mit mir aushielt. Ich war ein richtiges Arschloch gewesen. Zu allem Überfluss unterstützte sie mich, wo sie nur konnte, obwohl mich nichts als die Drogen interessierte. Eines Tages konsumierte ich wieder in der Wohnung und sie schlief direkt neben mir ein. Sie deckte sich mit Abdeckplane zu. Dieses Bild kann ich bis heute nicht mehr vergessen. Es war einfach der totale Tiefpunkt.

Nach zwei Monaten kamen regelmäßig sieben oder acht Leute zu mir in die Wohnung. Ich dealte, und wir konsumierten zusammen. Wir machten natürlich viel Lärm und Sachen kaputt. Die Nachbarn beschwerten sich bei der Besitzerin und so merkte sie, was ich eigentlich in ihrer Wohnung trieb. Sie schmiss mich sofort heraus. Das ganze Geld hatte ich schon im Voraus genommen und natürlich war davon nichts mehr übriggeblieben.

Santiago wurde in dieser Zeit verhaftet, weil man ihn beim Dealen erwischt hatte. Zwei Monate blieb er im Gefängnis. Als er herauskam, sagte er mir: „Mario, hör mit dem Dealen auf. Sofort! Die Polizei weiß über dich Bescheid." Ich antwortete: „Wieso sagst du mir das?" Und Santiago erklärte mir: „Ein Polizist hat es mir gesagt. Sie beobachten dich schon länger, aber sie haben noch nichts Großes gegen dich in der Hand. Wenn du jetzt sofort aufhörst, dann kommst du vielleicht davon."

Aber sag einmal einem Drogensüchtigen: „Hör sofort auf damit!" Natürlich wird er weitermachen. Es ging noch ein paar Monate gut. Ich dealte am Bahnhof gleich bei den Sonnenstudios. Die Leute nahmen die Drogen mit ins Solarium und spritzten sich die Sachen in den Kabinen. Dabei hinterließen sie eine riesige Sauerei voller Blut, Spritzen und Müll. Dort in den Sonnenstudios gab es viele Kameras. Das wusste ich damals nicht, und so bekam die Polizei ihr Beweismaterial.

Eigentlich wollte ich längst aus dem Sumpf heraus. Ich nahm sogar an einem Methadon-Programm teil. Nach meinem ersten Entzug bekam ich den Heroin-Ersatz fast zwei Jahre lang. Daneben nahm ich auf ärztliche Anordnung starke Beruhigungsmittel und Antidepressiva. Regelmäßig ging ich zu einem Arzt und musste Urinproben abgeben. Den Test habe ich oft gefälscht. Meine Freundin hat einfach in ein Kondom gepinkelt und ich habe ihre Urinprobe beim Arzt abgegeben.

Das Gute an diesen Programmen ist natürlich, dass man damit aus der Beschaffungskriminalität herauskommt, aber ich wurde doch wieder rückfällig. Dann machte ich meinen zweiten Entzug – dieses Mal in Neuenhof. Ich wollte wirklich weg von den Drogen, aber die Abhängigkeit war einfach schon zu groß. Nach dem Entzug kam ich heraus, bekam weiterhin Methadon und dann ging das ganze Spiel von vorne los: Ich nahm wieder Drogen, fälschte Tests und musste mir wieder etwas einfallen lassen, wie ich an den teuren Stoff kam.

Ich habe versucht, nebenbei zu arbeiten, aber das war natürlich eine Katastrophe. So einen wie mich konnte man damals auf keiner Baustelle brauchen. Es dauerte kaum eine Woche, bis man mich beim Konsumieren oder Schlafen während der Arbeitszeit erwischte - und schon flog ich im hohen Bogen hinaus.

Mittlerweile nahm ich auch zu Hause bei meinen Eltern Drogen. Oft schlief ich mit der Zigarette im Mund ein – davon hatte ich gut 15 Brandwunden auf meiner Brust. Beim „basen" muss man ja immer ausspucken. Überall in meinem Zimmer standen Plastikbecher herum, die ich erst zum spucken und dann als Aschenbecher benutzte. Es war eklig, und das, obwohl ich eigentlich Sauberkeit liebe.

Mein Großvater war gerade verstorben. Das ging mir schon sehr nahe und ich wollte wirklich aufhören mit den Drogen. Meine Eltern erzählten mir, dass sie für mich etwas gefunden hätten. Ein Freund meiner Schwester Claudia hatte auch Drogenprobleme gehabt und war in China in ein Shaolin-Kloster gegangen. Die Mönche nahmen jedes Jahr nur zwei bis drei junge Männer mit Problemen auf, und über diesen Freund hätte ich dort tatsächlich einen Platz bekommen können. Jedoch machten mir die strengen Regeln enorme Angst und ich sprach kaum Englisch, geschweige denn Chinesisch. Zudem müsste ich ein Jahr dortbleiben, ohne meine Freundin, und ich zweifelte daran, dass wir diese Trennung als Paar überstehen würden. Jedoch wollte ich mit meinem bisherigen Leben wirklich Schluss machen, und so entschied ich mich schweren Herzens für das Kloster.

Dann kam der Tag X. Die Polizei klopfte morgens um 6.00 Uhr an die Tür. Mein Vater ging meistens schon um 5.30 Uhr zur Arbeit. Doch er war von der Polizei informiert worden und deshalb zu Hause geblieben. Meine Eltern hatten sich keinen anderen

Rat mehr gewusst, als mit der Polizei zu kooperieren. Ich wurde verhaftet und in Untersuchungshaft nach Baden gebracht. Mittlerweile war ich volljährig und konnte auf keine mildernden Umstände mehr hoffen.

Normalerweise bekommt man als Drogenabhängiger im Gefängnis Methadon, sodass man nicht auf kaltem Entzug ist. Der Gefängnisarzt sah meine Akte an. Ich sagte: „Ich brauch mein Methadon." Er sagte aber ganz nüchtern: „Nein. Sie brauchen gar nichts." Dann sah er mich sehr ernst an und meinte: „Methadon geben wir nur den Leuten, die in ein paar Monaten wieder herauskommen. Aber mit der langen Liste an Straftaten bleiben Sie die nächsten paar Jahre sowieso bei uns." Dann verließ er meine Zelle und die Tür fiel hart ins Schloss.

Ich war am Boden zerstört - auf kaltem Entzug, unter Schmerzen und mit der Aussicht, mehrere Jahre im Gefängnis zu bleiben. Ich konnte nicht aufhören, zu weinen.

Der Heroin-Entzug dauert eigentlich nur drei bis vier Tage, aber der Methadon-Entzug bis zu drei Wochen. Das Methadon setzt sich in den Knochen ab. Deshalb fühlt man die Schmerzen noch ungefähr so lange, wie man das Methadon genommen hat. Nach zwei Jahren Methadon-Konsum spürst du es also noch zwei Jahre in den Knochen.

Da saß ich nun. In Einzelhaft. Weggesperrt. Allein. Kein Radio. Kein Fernsehen. Nichts. Und dann begann der Entzug. Schmerzen im ganzen Körper. Ich schwitzte und hatte starke Krämpfe. Manchmal schlug ich vor Verzweiflung mit dem Kopf gegen die Wand. Ich konnte kaum etwas essen und wenn, dann erbrach ich es gleich wieder. Es war die Hölle auf Erden. Alles kam zusammen: Schmerzen, Depression, Verzweiflung. Nach zweieinhalb Wochen fing es an, mir besser zu gehen. Endlich nahm ich auch wieder etwas zu, denn ich war völlig abgemagert ins Gefängnis gekommen.

Einmal in der Woche durften mich meine Freundin und meine Familie besuchen. Meine Mutter ließ mich auch zu jener Zeit nicht im Stich, und ich bin ihr bis heute dankbar dafür. Auch meine Freundin war damals immer für mich da und gab mir viel Kraft. Die Briefe, die ich aus dem Gefängnis schrieb und die ich dort bekam, wurden alle vom Staatsanwalt gelesen. Ich bewahre sie noch heute zusammen mit den Briefen aus der Heim-Zeit in einer Kiste auf. Es ist eine beachtliche Menge.

Einmal am Tag durfte ich für eine Stunde draußen im Hof spazieren gehen. So schloss ich Freundschaft mit einem Mithäftling aus der Nachbarzelle. Er hatte schon sein Urteil bekommen: Verwahrung. In der Schweiz heißt das, dass du länger als lebenslänglich im Gefängnis bleibst. Es können 30, 40 oder 50 Jahre werden. Er war unter anderem mit einem Messer auf Leute in einem Einkaufzentrum losgegangen. Jedoch hatte dieser Mithäftling auch sehr viele Privilegien. Er bekam zum Beispiel Farben und Papier in die Zelle und durfte malen, da er bereits zwei Jahre in Einzelhaft war. Ich lernte einiges über das Gefängnisleben von ihm und mir tat es gut, wieder einen Freund um mich zu haben.

Eines Morgens hieß es dann: „Er hat sich aufgehängt." Das war ein Schock für mich. Ich hatte in der Nacht davor Geräusche gehört, aber durch die Eisentüren waren sie nur schwach zu mir herübergedrungen.

Ich war richtig erschüttert. So wollte ich nicht enden. Das konnte doch nicht schon alles vom Leben gewesen sein, und so begann ich, mich zu bessern. Ich hörte auf, Ärger zu machen und plötzlich bekam ich auch Privilegien. Einmal wurde mir erlaubt, meine Zelle zu streichen. Als das gut lief, durfte ich den ganzen Gang streichen. Die körperliche Arbeit tat mir gut und ich war froh, wieder ein Ziel zu haben, wenn auch nur ein kleines: die Zelle streichen, den Gang streichen. Immerhin. Damals waren das sehr große Privilegien für mich.

Ein Gefängnisdirektor sagte mir einmal: „Weißt du, was ich mit dir machen würde, wenn du mein Sohn wärst? Ich würde dir den Hintern versohlen und dich dann auf die Straße setzen." Das Komische war ja, dass ich trotz Straftaten den Menschen sympathisch war. Mein Charakter hatte sich nicht geändert. Ich war noch immer hilfsbereit, und was ich mir zu Schulden kommen lassen hatte, war tatsächlich reine Beschaffungskriminalität.

Während der Drogenzeit war ich der Anführer von einigen Kleinkriminellen gewesen. Es waren zehn oder elf damals - ein ganzer Ring. Sie kamen nach und nach alle nach Baden, weil dort die Verhöre stattfanden. Wir trafen uns beim Hofgang und besprachen uns. Das gefiel den Aufsehern natürlich nicht und ich wurde nach Unterlunkhofen versetzt. Dort gab es zum Glück einen sehr freundlichen Gefängnisaufseher. Bald hatte ich einen Fernseher und andere Privilegien. Mir ging es immer besser und ich fühlte mich wohl. Auch meine Freundin durfte mich regelmäßig besuchen, und ich telefonierte oft mit meinen Eltern.

Manche Dinge konnten mir nachgewiesen werden und manche nicht. Aber die Beamten sagten mir bei der Untersuchung: „Du musst jetzt alles sagen." Denn wenn ich etwas verheimlicht hätte und es wäre mir später doch nachgewiesen worden, dann hätte es eine neue Verurteilung gegeben. Man muss in dem Moment einfach alles sagen, und das rate ich auch jedem, der in diese Situation kommt. Ob du fünf, zehn oder 20 Einbrüche begangen hast, du bekommst dafür vielleicht zwei Jahre Gefängnis. Wenn nach Ablauf der Strafe aber herauskommt, dass du etwas verschwiegen hast, dann ist das wie eine neue Anklage. Du bekommst für ein paar Einbrüche mehr eventuell erneut ein Jahr Gefängnis.

Vom Staat wurde mir ein Anwalt zur Verfügung gestellt. Ich arbeite mit ihm auch heute noch zusammen und er erzählt seinen Klienten immer, wie stolz er ist, was aus mir geworden ist. Dieser Anwalt sagte dasselbe wie die Polizei: „Du hast keine Chance." Dann fiel ihm aber doch noch eine Möglichkeit ein: „Es gibt genau einen Weg, wie du aus dem Gefängnis herauskommst. Du musst eine Therapie beantragen." Diese Therapie wurde damals noch über die Gemeinde finanziert.

Meine Mutter suchte nach einem Weg, aber die Gemeinde blockte alle Versuche ab und verlangte einen Gerichtsentscheid. Die Lage war also aussichtslos, aber ich wollte auf keinen Fall aufgeben. Es war eine knochenharte Arbeit, bei der Vernehmung alle Dinge einzugestehen, die ich jemals angestellt hatte, zumal ich viele Dinge auch gar nicht mehr klar wusste. Jedoch war es auch erleichternd. Ich dachte: „Ich will ein neues Leben, also sag ich's einfach." Ein paar Tage später rief mich mein Anwalt an und meinte: „Cortesi, vergiss es. Die

Staatanwaltschaft fordert fünfeinhalb Jahre Zuchthaus." Das war ein heftiger Schlag.

In der Schweiz unterscheiden wir zwischen Gefängnis und Zuchthaus. Im Gefängnis gibt es mehr Freigang und Bewegungsfreiheit. Im Zuchthaus bist du wirklich komplett eingeschlossen. Dort sitzen die Schwerkriminellen, von Vergewaltiger bis Mörder - und dort werden eben auch die richtig schweren Drogendealer hingebracht.

Mein Anwalt plädierte auf drei Jahre Gefängnis. Sein Hauptargument war, dass es sich bei mir immer nur um Beschaffungskriminalität gehandelt hätte. Ich tat nie etwas aus böser Absicht heraus und verletzte auch nie einen Menschen, sondern organisierte einfach nur Geld, weil ich Stoff brauchte.

Nach dem Gespräch mit dem Anwalt ging ich in meine Zelle. Mir ging es hundeelend: fünfeinhalb Jahre Zuchthaus. Ich bekam eine richtige Krise und fing an, zu hyperventilieren. Die Zellwände drehten sich vor meinen Augen. Mir gelang es noch, den Notrufknopf zu drücken, dann klappte ich zusammen. Der Gefängniswächter kam eilig heraufgelaufen. Ich hatte Glück, denn dieser Wächter war mir wohlgesonnen. Er behandelte mich auf eine freundliche, väterliche Art und rief sofort den Notarzt. Man untersuchte mich und gab mir ein Beruhigungsmittel. Zur Überwachung kam ich in eine Zelle mit einem anderen Gefangenen.

Auch der Gefängnisdirektor aus Unterlunkhofen hatte mich ins Herz geschlossen. Er kam zu mir und fragte mich: „Mario, weißt du eigentlich auch, dass Gefangene Rechte haben?" Ich war total erstaunt: „Was für Rechte denn?" Und er meinte: „Es gibt ein Buch für die Gefangenen darüber. Hast du davon schon mal gehört?" Das war etwas ganz Neues für mich. Kurz darauf brachte er mir dieses orangefarbene Buch und ich begann, aufgeregt darin zu lesen. Und ich entdeckte Erstaunliches: Es gibt drei Gründe, warum du in der Schweiz länger als 24 Stunden in Haft bleiben musst. Einer dieser Gründe muss zutreffen, sonst ist die Haft nicht rechtens. In Deutschland und in Österreich sind diese Dinge vielleicht minimal anders, aber im Grunde müsste es ähnlich ablaufen:

1) VERTUSCHUNGSGEFAHR

Das traf bei mir nicht zu, denn bei mir war die Untersuchung abgeschlossen.

2) FLUCHTGEFAHR

Diese Gefahr bestand bei mir nicht, denn ich war Schweizer mit festem Wohnsitz hier.

3) FORTSETZUNGSGEFAHR

Das war der Grund, warum sie mich in Haft behalten konnten. Sie fürchteten, dass ich weiter Drogen nehmen, dealen und kriminell sein würde.

Aber jetzt war ich wirklich wach: Ich hatte Rechte! Also konnte ich auch auf sie pochen. Ich schrieb ein Freilassungsgesuch und erzählte von meinen Plänen, eine Therapie zu machen. Es stimmte ja: Ich hatte aufhören wollen. Meine einzige Motivation für die Überfälle war die Beschaffung gewesen. Das sprach für mich. Dann beschrieb ich noch meine jetzige Lage: Ich war komplett clean und seit drei Monaten mit guter Führung im Gefängnis. Außerdem bot ich an, täglich bei der Polizei vorbeizukommen und eine Urinprobe abzugeben. Damals war ich der festen Überzeugung, dass ich das packen und nicht mehr rückfällig werden würde.

Rein rechtlich musste mein Gesuch innerhalb von drei Tagen – inklusive Wochenende - beantwortet werden. Die Antwort war positiv. Ich sollte bis zu meiner Gerichtsverhandlung aus dem Gefängnis herauskommen. Als ich freudestrahlend dem Anwalt von der Freilassung erzählte, meinte er: „Das war jetzt nicht so klug, dass Sie das gemacht haben." Ich war verwundert: „Wieso?" Er meinte nur: „Jetzt haben Sie eine Pistole vor dem Kopf und eine hinter dem Kopf." Ich fragte: „Wie meinen Sie das?" „Schauen Sie mal. Sie wollen eine Therapie machen. Wenn Sie jetzt bis zur Verhandlung in einem Jahr clean bleiben, dann sagen sie: Für was sollen wir ihm jetzt noch eine teure Therapie zahlen? Er hat's ja geschafft. Also geht er ganz normal ins Gefängnis. Und wenn Sie nicht clean bleiben, dann werden sie sagen: Er hat sowieso keine Motivation zum Clean-Bleiben. Wozu sollen wir ihm dann die Therapie zahlen? Also ab ins Gefängnis."

Auch der Polizist, der mich freiließ – es war derselbe, der mich verhaftet und die Ermittlung geführt hatte -, schüttelte nur den Kopf und meinte: „Das war das Dümmste, das du hättest tun können." Er hat mir richtig Angst gemacht. Ich war ja gerade 19 Jahre alt und mit der Situation überfordert. Es war eine Zwickmühle. Außerdem stand die Streetparade in Zürich an, und der

Polizist sagte mir auf den Kopf zu: „Du willst doch nur da hin." Da stand ich also – wieder auf freiem Fuß. Das erste, was ich machte: Ich kaufte mir ein Sechserpack Bier. Wenigstens wieder Alkohol nach drei Monaten totaler Abstinenz. Ich wohnte erst einmal bei meiner Schwester Claudia. Sie lebte ganz weit draußen auf dem Land. Das war gar nicht mein Ding. Ich begann, wieder als Maler zu arbeiten. Es ging drei, vier Tage lang gut.

Dann kam die Streetparade. Ich traf meine Freundin Lydia und alte Kumpels wieder. Alle außer Lydia waren bis oben hin voll mit Kokain und Speed. Total stolz verkündete ich noch: „Ich bin clean." Dann hat mir einer was angeboten und ich habe mitten auf der Straße ein bisschen geschnupft. Meine Freundin schaute mir enttäuscht zu - und dann fing alles wieder von vorne an. Diesmal war der Absturz richtig schlimm. So tief unten war ich noch nie gewesen. Mein Selbstwert war am Boden, ich war down und wollte mir mehrmals das Leben nehmen. 37 Schnitte habe ich noch an meinem Unterarm. Einmal nahm ich eine ganze Schachtel Tabletten, gemischt mit Alkohol, Methadon und anderen Substanzen.

Nach einem dieser Selbstmordversuche rief meine Freundin völlig verzweifelt meine Schwester Tanja an. Sie wohnte 60 Kilometer entfernt und kam dann mitten in der Nacht angefahren. 25 Minuten später war sie da. Keine Ahnung, wie sie das geschafft hatte. Sie war um 3.00 Uhr nachts mit einem Affenzahn über die Autobahn gerast. Es ging tatsächlich um Leben und Tod. Meine Schwester hat heute noch diese Horror-Bilder im Kopf, wie ich blutüberströmt auf dem Boden lag.

Tanja fuhr mich ins Krankenhaus, und ich wurde genäht, aber noch im Krankenhaus wollte ich aus dem Fenster springen. Die Verzweiflung war einfach zu groß: Ich hatte riesige Angst vor den fünf Jahren Zuchthaus. Mir kam es vor, als sei mein Leben aus und vorbei. Genau deshalb dröhnte ich mich so zu. Ich wollte einfach alles vergessen und am liebsten vom Erdboden verschwinden.

Angst ist schon etwas Verrücktes. Es ist ein bisschen wie mit den Schatten in der Nacht: Sogar eine Maus hat einen riesigen Schatten. Wenn man vor seiner eigenen Angst davonrennt, dann werden die Schatten immer größer. Dagegen hilft nur eines: Licht anknipsen und hinschauen. Wenn ich das damals gewusst hätte, hätte ich mir und meiner Familie viel Leid erspart, denn Weglaufen bringt nichts. Es macht die Sache immer schlimmer. Ob unbezahlte Rechnungen, Streitigkeiten, Steuerschulden, Haftstrafen – alles wird größer, wenn du davor wegläufst. Wenn du die Sache aber anpackst, Schritt für Schritt, dann wirst du merken: Es gibt eine Lösung für alles, und sie ist oft viel einfacher, als du denkst.

Meine Mutter machte währenddessen beim Gericht immer weiter Druck, sodass es schneller zur Verhandlung kommen könnte. Ich hingegen versuchte, wieder einen Entzug zu machen, aber dieses Mal einen warmen Entzug. Das heißt, dass es Methadon und schmerzstillende Medikamente gab, um langsam von den Drogen herunterzukommen. Das Ganze sollte minimal drei Wochen dauern. Nach einer Woche brach ich den Entzug wieder ab. Als ich nach Hause zu meinen Eltern kam, hatten sie das Schloss ausgetauscht.

Wenn meine Eltern zu solchen Mitteln griffen, musste es wirklich schlimm gewesen sein. Innerlich fühlte ich mich in einer totalen Sackgasse, aber mein Körper schrie wie verrückt nach Drogen und gleichzeitig verfiel ich mit jedem Konsum tiefer in die Depression.

Zu meinen Schwestern hätte ich weiterhin gehen können, aber sie lebten tief auf dem Land. Dort fuhren keine Züge, sondern nur ein paar Mal am Tag Busse. Ich wusste, dass ich das nicht lange aushalten würde. Deshalb ging ich zu meiner Freundin. Heute verstehe ich die Konsequenz meines Vaters, das Schloss auszutauschen. Ohne ein deutliches „Stopp" hätte ich einfach immer weitergemacht, bis ich schließlich gestorben wäre. Viel fehlte nicht mehr dazu.

Damals war ich so weit gegangen, meine Eltern zu beklauen. Sie hatten einen Zugang vom Badezimmer aus in ihr Schlafzimmer. Vor diese Türe stellten sie seit meiner Drogensucht einen Schrank, ihr Schlafzimmer sperrten sie ab. Wenn ich wieder Geld für Drogen brauchte, dann schlug ich die Türe einfach auf und klaute das Geld, dass sie unter dem Klappbett aufbewahrten. Das ging über Monate so – bis zum Austausch des Schlosses. Wenn ich heute daran denke, dann schäme ich mich. Es ist schon krass, was man den Menschen, die man am meisten liebt, alles antun kann, wenn man süchtig ist. Heute habe ich selbst Kinder und kann mir nur annähernd vorstellen, was meine Eltern mit mir durchlitten.

Einmal klaute ich sogar die Pistole meines Vaters. Dann lief ich tagelang mit der geladenen Waffe in der Stadt herum. Äußerlich fühlte ich mich sehr mächtig, aber in mir drinnen sah es ganz anders aus. Ich ging durch die Straßen nach dem Motto: „Jetzt bin ich bewaffnet. Jetzt kann mir gar niemand mehr etwas anhaben." Als mein Vater merkte, dass ich seine Pistole genommen hatte, kam er ganz niedergeschlagen zu mir und sagte: „Mario, bitte gib mir die Pistole." Er hatte wirklich Angst vor den Konsequenzen für uns alle. Dennoch blieb er erstaunlich ruhig, und ich gab sie ihm schließlich zurück.

In dieser Zeit reiste ich auch nach Griechenland. Im Gepäck hatte ich zehn Gramm Heroin und die volle Ladung Methadon. Diese Reise zahlte mir der damalige Freund meiner Schwester Claudia. Mit 30 Franken kam ich auf der Insel Kos an und wollte damit ernsthaft eine Woche Urlaub machen. Das Geld reichte natürlich hinten und vorne nicht. Ich wohnte im fünften Stock eines Hotels. Nebenan waren sehr nette Leute, die ich bereits kennengelernt hatte. Als sie zum Strand gingen, kletterte ich über das Balkongeländer in ihr Zimmer. Das war ziemlich gefährlich, aber für Drogen hatte ich ja schon öfter mein Leben riskiert.

Mein Leben schien mir nicht viel bedeutet zu haben. Heute achte ich so sehr auf mich und weiß, wie sehr ich gebraucht und geliebt werde. Das habe ich damals nicht gesehen und deshalb bin ich wohl auch so leichtfertig mit meinem Körper umgegangen. Ich kletterte also zu den Nachbarn, brach dort ein und klaute ihnen einen großen Geldschein. 200 Euro waren das, glaube ich.

Währenddessen rief meine Mutter weiter unermüdlich beim Gericht an und sagte: „Bitte, es ist wichtig für meinen Sohn. Ziehen Sie die Verhandlung vor." Und es funktionierte tatsächlich. Im Gericht wurde ich zu dreieinhalb Jahren Zuchthaus verurteilt, zugunsten einer Maßnahme. Das heißt, dass ich in die Therapie gehen durfte. Schlösse ich die Therapie erfolgreich ab, hätte ich nur noch zwei Jahre auf Bewährung. Bräche ich sie aber ab oder würde herausgeschmissen, müsste ich direkt für dreieinhalb Jahre ins Gefängnis. Allerdings wurden davon die drei Monate Untersuchungshaft abgezogen. Bei guter Führung gab es übrigens immer die Möglichkeit, dass ein Drittel der Haftstrafe erlassen wird.

6. DIE 180-GRAD-DREHUNG

Nach der Gerichtsverhandlung ging alles Schlag auf Schlag. Am 8. Oktober 2002 fuhr ich mit meiner Mutter zum Therapiezentrum, das wir vorab gemeinsam ausgesucht hatten. Endlich begann die lang erwartete Therapie. Mir war völlig klar: Ich wollte wirklich heraus aus dem Sumpf. Natürlich hatte ich auch Schiss. Immerhin hatte ich schon oft einen Entzug abgebrochen und war wieder rückfällig geworden. Wenn das passiert, dann verliert man einfach das Vertrauen in sich selbst.

In der Nacht zuvor hatte ich Heroin konsumiert und ich entschied für mich: „Mario, das war das letzte Mal." Ich begann die Therapie mit hundertprozentiger Entschlossenheit, denn ich wollte mir wieder selbst trauen können. Eine solche Therapie kostet den Staat übrigens rund 500 bis 700 Franken pro Tag.

Den ersten Monat hatte ich Kontaktsperre. Ich durfte mit niemandem von außerhalb sprechen. Damals fing ich an, täglich Tagebuch zu schreiben. Das würde ich überhaupt jedem empfehlen, der gerade richtig tief in der Tinte sitzt und nicht weiß, wie er da jemals wieder herauskommen soll. Oft kamen mir die Lösungen für meine Probleme beim Schreiben. Durch das Aufschreiben bemerkte ich erst einmal, was ich den ganzen Tag lang dachte. Wenn man sich selbst beim Denken zuhört, kann man schon erschrecken. Da kommen Sätze wie „Das geht doch eh nicht" und andere Miesmacher zustande. Als ob jemand in unserem Kopf sitzen würde, der gegen uns wettet oder uns einfach den Spaß verderben will.

Am 14. November durfte ich zum ersten Mal meine Familie, meine Freundin und einen Kumpel für drei Stunden zu mir ins Therapiezentrum einladen. Normalerweise durfte man nicht so viel Besuch auf einmal bekommen, aber es war eine Ausnahme, weil es mein 20. Geburtstag war. Eine Woche später wurde ich mit einem Kumpel erwischt, wie wir heimlich ein Bier tranken. Dafür bekamen wir eine Verlängerung der Probezeit. Ich nahm mir fest vor, keinen Mist mehr zu bauen, und wurde zum Muster-Patienten.

Das Haus, in dem ich während der Therapie wohnte, war wirklich schön. Darin waren vier Wohnungen, die die Patienten sich teilten. Es gab sogar einen Wintergarten mit Pflanzen, darunter einige Palmen und Bananenbäume. Wir durften zweimal in der Woche fernsehen, einmal unter der Woche und einmal am Samstag. Es waren ungefähr 30 Patienten in der Therapie, und fast alle hatten eine ähnliche Drogen-Geschichte. Statt fernzusehen, stand ich jedoch im Hof und hackte Holz. Das klingt stark nach der Strafarbeit im Heim. Der Unterschied war aber: Dieses Mal tat ich es freiwillig.

Es machte mir unglaublichen Spaß, Holz zu hacken, es zum Trocknen zu schichten und mit den trockenen Klötzen das Feuer in Gang zu halten. Im Haus gab es eine große Innentreppe. Dort trug ich das Holz hinauf und verteilte es über die Innenbalkone in die einzelnen Wohnungen. Die Treppen nahm ich mit einer unglaublichen Geschwindigkeit. Ich kann kaum beschreiben, was für eine Zufriedenheit mir diese Arbeit gab. Dabei konnte ich all meine überschüssige Kraft einsetzen. Nach der Arbeit war ich entspannt, müde und stolz auf das, was ich geschafft hatte. Immerhin war dank meiner Hilfe das Haus schön warm. Generell gab es viel körperliche Arbeit während der Therapie, was mir zusprach. In den warmen Monaten bestellten wir den Garten, im Winter hackten wir Holz und sägten sogar ganze Bäume ab.

Die anderen sahen mich immer ganz verwundert an und meinten: „Du bist nicht ganz normal. Was machst du da?" Was soll ich sagen? Es ist kaum zu beschreiben, wie genial es sich anfühlt, wenn nach dem Entzug die körperliche Kraft und Vitalität wiederkehrt. Plötzlich fühlte ich mich, als könnte ich Bäume ausreißen. Mein Körper freute sich über das Training und begann, wieder Muskeln aufzubauen, und die anderen freuten sich über das Holz für ihren Ofen. Es war sogar ein echtes Aha-Erlebnis, zu merken, wie gerne ich anderen helfe. Wir Menschen sind ja „soziale Tiere" und brauchen eine „Herde". Es tut einfach gut, Teil einer Gruppe zu sein. Ich fühlte mich gut dabei, Dinge zu tun, die zur Abwechslung keinen Ärger machten.

Es ist schon komisch, aber du kannst dich an alles gewöhnen – im Guten wie im Schlechten. Du kannst dich daran gewöhnen, immer der „Troublemaker" zu sein oder eben der Erfolgreiche. Du kannst dich daran gewöhnen, zu viel zu trinken, Drogen zu nehmen oder täglich früh aufzustehen und Sit-ups zu machen. Damals bekam ich den Hauch einer Ahnung von dem, was ich in meinem Leben wirklich machen wollte. Ich wollte dieses gute Gefühl haben, wenn mir die anderen für das Holz dankten. Ich wollte mich erschöpft fühlen, weil ich etwas Sinnvolles getan hatte und stolz auf mein Leben sein.

Täglich wurde ich fitter und aktiver. Die Sozialarbeiter und die anderen staunten nicht schlecht. Sie ließen alles ein bisschen langsamer angehen. In der Therapie herrschte ja die Devise: „Jetzt sprechen wir erst mal darüber" oder „Was macht das mit dir?". Das viele Herumreden war mir erst einmal fremd. Bei solchen theoretischen Gesprächen wippte ich immer ganz nervös mit dem Fuß und dachte: „Lasst uns was tun!" Pro Woche hatten wir zwölf bis 16 Therapiestunden. Es wurde nur geredet – da gab es kein Entkommen für mich.

In der Zeit begann sich bei mir viel zu verändern. Jeden Abend las ich in der Bibel – nach dem Zufallsprinzip. Ich nahm sie und öffnete – zack – eine Seite. Irgendwie passte die Stelle immer genau zu meiner Situation. Das war schon verrückt, aber es heißt ja auch in der Bibel: „Wer suchet, der findet." Früher hatte ich gar nicht nach Antworten oder Lösungen gesucht. Jetzt wollte ich jedoch wirklich verstehen, was es mit dem Leben auf sich hat. Ich wollte keinen einzigen Tag mehr verplempern, sondern den Dingen auf den Grund gehen. Mit dieser Einstellung kamen auch die Lösungen und die Antworten. Ich suchte – und ich fand. Neben der Bibel integrierte ich auch die Meditation in meinen Tagesablauf.

Ich bemerkte auch, dass mir die Gespräche in der Therapie halfen. Meine Eltern sprachen nie viel über Gefühle, auch wenn sie immer für mich da waren. Ich habe halt meistens Prügel bezogen, wenn ich etwas angestellt hatte. Da wurde nicht viel geredet. Auch bin ich nicht wirklich der Mann, der viel über Gefühle spricht. Die meisten Dinge verändern sich ja auch nicht durchs Reden, sondern durch Konsequenzen. Damals bekam ich in den Therapiegesprächen jedoch eine Idee davon, wie es in mir drinnen so aussieht, und das ist nie verkehrt. Wenn du etwas in deinem Leben verändern willst, dann musst du dich selbst kennen lernen, denn du bist sozusagen der Bauherr deines Lebens. Deine Gedanken und Gefühle sind wichtiges Baumaterial.

Ich habe damals angefangen, von meiner Zukunft zu träumen, und mir wurde ziemlich schnell klar: Ich will Geld verdienen - viel Geld! Immer wieder meinte dann dieser Miesmacher im Kopf: „Mario, wie willst du das denn schaffen? Du rutschst doch eh wieder ab, sobald du rauskommst." Damals habe ich mir etwas angewöhnt und das mache ich heute noch: Wenn ein negativer Gedanke in meinem Kopf auftaucht, sage oder denke ich: „Ungültig!" Warum ungültig? Das hat mit einem besonderen Buch zu tun, welches mir mein Vater gab: „Die Kraft des positiven Denkens" von Norman V. Peale. Ich empfehle wirklich jedem, der sein Leben verändern will, sich dieses Buch zu kaufen.

Die Grundidee von Norman V. Peale ist einfach: Was wir denken, hat einen direkten Einfluss auf unser Leben. Es ist ja nicht so, als wären dein Denken, dein Fühlen und dein Handeln voneinander getrennt. Wenn ich etwas denke, wirkt sich das auf meine Gefühle aus und auch auf die Art, wie ich Dinge angehe. Ein Beispiel: Denke ich „Das klappt eh nicht", habe ich eigentlich schon verloren. Unsere Gedanken sind wie die Zentrale im Gehirn, von der aus alles gesteuert wird. Wie sonst kannst du dir erklären, dass manche Menschen sich aus der Armut herausarbeiten und andere eben nicht? Manche Menschen kommen von ganz unten und werden zu Superstars. Viele denken dann: „Das ist Zufall", „Der hatte einfach Glück" oder „Die hat eben Talent". Glück und Talent sind jedoch wirklich nicht so wichtig. Viel wichtiger ist, was wir von uns und unseren Zielen denken. Dazu komme ich später noch ausführlicher zu sprechen.

In der Therapie gab es sieben Stufen, wobei alle vier Wochen eine neue Stufe erreicht werden konnte. Wir mussten alle sieben Stufen erreichen, um die Therapie beenden zu können. Nur so kannst du danach wieder in die Arbeitswelt zurückkehren. Die kürzeste Zeit, in der man die Therapie absolvieren konnte, waren zehn Monate. Dreimal darfst du raten, wer die Therapie in Rekordzeit absolvierte.

Genau! Der Cortesi! Ich war total motiviert und gab richtig Gas. In der Therapie sagten sie mir: „Das ist gefährlich, Mario. Du bist so auf Erfolgskurs. Du überforderst dich. Mach mal ein bisschen langsamer. Du kannst immer noch rückfällig werden." Damit hatten sie sicher nicht unrecht, aber bei mir war einfach der Schalter umgestellt worden. Ich wusste einfach: „Die Drogen-Zeit ist jetzt vorbei!" Es war nicht plötzlich alles anders. Es gab immer noch schlechte Momente und mich überkam manchmal eine zerstörerische Energie oder ich hatte einfach negative Gedanken. Jedoch wusste ich jetzt, wie ich mit ihnen umgehen musste. Das war der große Unterschied.

7. CLEAN UND WIE NEUGEBOREN

Das Unglaubliche passierte: Nach ein paar Wochen in der Therapie begann ich, mich selbst beim Pfeifen zu erwischen. Ich lief im Haus herum und blieb plötzlich erstaunt stehen: Ich war einfach glücklich!

Neben dem Therapiezentrum gab es einen Hof mit Pferden. Wer wollte, konnte die Pferde des Nachbarn pflegen. Das war eine begehrte Arbeit. Als ich kam, wurde gerade ein Platz als Stalljunge frei. Ich glaube, ich bekam zwei Franken für jeden Stall, den ich ausmistete. Das war eine halbe Stunde Arbeit. Es war nicht viel Geld, aber immerhin konnte ich mir so mein Taschengeld aufbessern. Überdies machte es mir einfach Freude. Ich fühlte mich wieder wie auf dem Bauernhof unseres Nachbarn am Sennenberg. Die frische Luft tat mir gut, und ich mochte den Umgang mit den Pferden. Meine Familie hatte immer mit Pferden zu tun gehabt. Meine Eltern lernten sich sogar im Reitstall kennen, auch meine Schwester Claudia besaß eigene Pferde.

Eines Tages ging ich aus dem Stall und drehte mich noch einmal um. Ich sah drei Strohhalme am Boden liegen. Erst sagte ich mir: „Das passt schon so." Als ich jedoch weiterlief, dachte ich immer noch an die Strohhalme. Es stresste mich richtig. Ich kehrte also um, hob die Halme vom Boden auf und warf sie auf den Misthaufen. Danach dachte ich bei mir: „Was war das denn jetzt? So genau bin ich ja noch nie gewesen!" Es war ein wichtiger Moment für mich. Seit dem Tag begann ich, meinen inneren Schweinehund systematisch zu trainieren. Ich wurde viel genauer mit allen Dingen, die ich tat. Faulheit war keine Ausrede mehr für mich.

Es war wie ein Kampf zwischen Engelchen und Teufelchen, die links und rechts auf meinen Schultern hockten. Der Schweinehund war mit dem Teufelchen im Bunde - das war klar. Ab jetzt gewann bei mir immer öfter das Engelchen, und mein Schweinehund kam ganz schön ins Schwitzen. Klar, jeder würde gerne länger liegen bleiben und nicht aufstehen. Oder wenn es kalt ist, lieber nicht hinausgehen, um zu arbeiten. Jeder denkt sich vermutlich manchmal: „Das passt schon." Ganz ehrlich: Der Mensch an sich ist eher bequem. Ohne Ziele und Disziplin würden wir vermutlich nur auf der Couch herumlümmeln, aber so gewinnt leider nur einer: der Schweinehund. Und dieser bringt dich nirgendwo hin!

Damals fing ich auch an, täglich Liegestützen zu machen. Am Anfang waren es 40 oder 50. Danach steigerte ich mich auf 100 - und die mache ich heute noch, seit 14 Jahren. Und weißt du was: Seit 14 Jahren habe ich noch immer jeden Tag den Kampf mit dem Schweinehund in mir. In jenen Momenten schaue ich mir im Spiegel in die Augen und sage zu mir selbst: „Dann machst du jetzt gleich mal 120, du fauler Sauhund." Du denkst jetzt vielleicht: Was für einen Unterschied machen denn so ein paar Liegestützen am Tag? Ich garantiere dir: einen riesigen Unterschied. Heute weiß ich einhundertprozentig, dass Selbstdisziplin die Basis meines Erfolges ist - und mit drei harmlosen Strohhalmen hat alles angefangen. Ich dusche auch täglich erst warm und dann stelle ich auf eiskalt um. Ich zähle bis 121, bevor ich das Wasser abdrehe. 121 ist für mich eine Glückszahl. Du musst für dich selbst herausfinden, was du brauchst, um dich zu disziplinieren. Mit dem zeitigen Aufstehen fängt es meistens an. Körperliche Fitness ist auch immer eine gute Methode, disziplinierter zu werden. Ein Tagebuch ist dabei vor allem am Anfang eine große Hilfe. Dadurch wird der Kopf klarer, und du weißt, was in dir vorgeht. Oft hilft es auch, wenn man sich schlecht fühlt oder Schuldgefühle hat. Es ist ein bisschen, als würdest du dich mit dir selbst unterhalten.

Das Wichtigste für mich aber ist der Glaube. Und wenn du mit einem starken Glauben lebst, dann weißt du: Du bist nie allein. Du musst nicht kalt duschen, Liegestützen machen oder akribisch einen Stall ausmisten. Sicher weißt du selbst am besten, was für dich funktioniert. Und wenn du es noch nicht weißt, dann finde es einfach heraus, indem du verschiedene Dinge ausprobierst. Mein Tipp: Der Schlüssel liegt in den Dingen, die dir Spaß machen, aber bei denen du nur 70 Prozent gibst statt 100 Prozent. Egal, was es ist: Versuche wirklich, die Dinge, die du dir vornimmst, jeden Tag zu machen – von Montag bis Sonntag.

> Disziplin heißt, dass es keine Ausnahmen gibt. Und wenn du denkst: „Es wäre doch angenehmer, jetzt etwas Anderes zu machen", dann mache es erst recht!

Als ich anfing, diese Regeln zu begreifen, wurde alles andere viel leichter. Nicht nur äußerlich veränderte sich durch die Selbstdisziplin langsam mein Leben, auch innerlich geschah etwas Wichtiges: Ich fühlte mich gut in meiner Haut. Ich war richtig stolz auf mich und vertraute jeden Tag mehr auf meine eigenen Kräfte.

Gerade, wenn du einmal Mist in deinem Leben gebaut hast, musst du dir dein Selbstvertrauen wiederaufbauen. Selbstvertrauen heißt eben, dass du dir selbst vertrauen kannst. Wenn du weißt, dass du jeden Tag dein Wort hältst, deine Übungen machst und deine Arbeit richtig gut erledigst, dann wächst dein Selbstvertrauen ganz von selbst. Damit hast du das allerwichtigste Gut zurückerobert, das du brauchst, um deine Ziele zu erreichen und wirklich über dich hinauszuwachsen.

Nach der Disziplin kam das nächste, was ich zu lernen hatte: Ich musste anders über die Dinge denken, und über mich selbst. Jeder kennt diese Zweifel, wenn man irgendetwas vorhat: „Oh, ob das wohl klappt?" Je größer das Ziel ist, desto größer werden auch die Zweifel sein. Das ist normal und geht jedem so. Die wirklich erfolgreichen Menschen lernen aber, ihre Gedanken im Zaum zu halten. Auch heute noch habe ich vor jeder größeren Anschaffung die Sorge: „Ist das nicht zu teuer? Was, wenn das Geld nicht reicht?" Manchmal kommt der Kopf dabei ganz schön ins Rotieren, aber ich habe mir dafür etwas angewöhnt.

> **Wann immer die Sorgen und Zweifel wieder anfangen, in meinem Kopf Karussell zu fahren, sage ich sofort: „Ungültig!"**

Und es funktioniert. Ich befehle meinen Gedanken, nur das zu denken, was ich auch denken möchte. Alles andere lösche ich sozusagen sofort von meiner Festplatte, denn letztlich sind Gedanken nichts Anderes als Energien. Negative Gedanken bringen dir überhaupt nichts - und schlimmer noch: Sie schwächen dich und machen es dir schwerer, deine Ziele zu erreichen. Ich bete heute noch jeden Tag. Man kann auch einfach meditieren und sich ein paar Minuten auf seine Kraft und Ziele besinnen. Im Gebet legst du deine ganze Liebe und Konzentration in deine Worte. Du lenkst deine Energie gezielt auf das, wofür du betest. Beim Beten sagt man ja am Ende „Amen". Das ist Hebräisch und heißt übersetzt „So sei es". Ist das nicht interessant? Schon im Gebet wissen wir eigentlich, dass es wahr werden wird.

> Davon bin ich überzeugt: Jeder hat die Möglichkeit, etwas aus seinem Leben zu machen. Dazu solltest du
>
> 1) Selbst-Disziplin üben,
> 2) dir Ziele setzen,
> 3) Vollgas geben und
> 4) nie aufgeben.

Vollgas muss nicht heißen, dass du jeden Tag wie ein Verrückter 16 Stunden schuftest. Das muss nicht sein! Klar, man muss schon etwas tun, aber die Arbeit sollte dir auch wirklich Spaß machen. Es gibt im Leben innere und äußere Kräfte, die uns bewegen und die wir bewegen können. Die Lehren dazu heißen Esoterik und Exoterik. Diese Kräfte kannst du dir vorstellen wie die Wellen auf dem Meer. Frage dich selbst: Treibt dein Schiff nur vor sich hin oder lenkst du es und bist der Kapitän?

Vor ein paar Jahren war ich Chinesisch essen. Da habe ich nach dem Essen einen Glückskeks zum Nachtisch bekommen. Auf dem Zettel stand: „Du wirst im Leben ungewöhnlich erfolgreich sein". Das stimmte. Es war ungewöhnlich. Denn ich bin eigentlich ein Chaot, aber ich bin ein geordneter Chaot. Ich weiß, wie ich Erfolg habe. Dabei gäbe es strukturell noch viel zu verbessern. Auch wie ich zu meinem Erfolg kam, ist in der

Tat ungewöhnlich, und viele Menschen sagen mir heute: „Es ist unglaublich, was du alles auf die Beine stellst." Tatsächlich sollte das Beste in meinem Leben noch kommen. Damals, als ich den Glückskeks aß und mich über den Satz freute, wusste ich noch nicht, was noch alles auf mich wartete...

Hier siehst du mich 2002 noch in meiner Drogenzeit als stolzen Paten.

8. IN FÜNF JAHREN ZUM ERFOLGREICHEN UNTERNEHMER

Wie heißt es so schön:

> Wo ein Wille ist, da ist auch ein Weg.

Nach der Therapie, da war ich gerade 22, beendete ich meine Malerlehre und machte mich selbstständig. Das Geschäft lief von Anfang an gut. Ich lebte erst einmal wieder bei meinen Eltern. Schon nach zwei Jahren verdiente ich zwischen 14.000 und 18.000 Franken brutto und manchmal auch schon 25.000 Franken im Monat. Das war bereits das Drei- bis Fünffache von dem, was ein Maler normalerweise verdient. Jedoch war das knochenharte Arbeit, meist 16 Stunden am Tag, sieben Tage die Woche.

Die Geschäfte liefen besser und besser. Ich war nun seit zwei Jahren selbstständig und beschäftigte schon drei bis fünf Maler bei mir. Da kam der Moment, in dem ich erkannte: „Jetzt brauchst du eine Struktur, um zu wachsen." Ich sprach mit meinem Vater und bat ihn, bei mir geschäftlich einzusteigen. Mein Vater war Marketing- und Verkaufschef in einer Firma mit ungefähr 300 Mitarbeitern. Er hätte sich einfach in ein paar Jahren zur Ruhe setzen können. Sein Job war super, sein Einkommen auch, aber ich bearbeitete ihn gut zehn Monate lang, bis er „ja" sagte. Er verließ die Firma, wir gründeten eine GmbH und er baute mir die gesamte Büro-Struktur auf – und das mit 59

Jahren. Anschließend begannen wir, richtig zu expandieren.

Das ist ein wichtiger Tipp an dich, wenn du etwas aufbauen möchtest: Hol dir den Rat von Experten! Am Anfang machte ich ja noch alles selbst: Jedes Mal, wenn ich einen Abschluss machte, schrieb ich den auf einen Din-A4-Zettel und rechnete mir feinsäuberlich meinen Gewinn aus. Umsatz, Ausgaben, Steuerabzug und Gewinn. Ganz einfach. Nur irgendwann ging das natürlich nicht mehr. Da braucht es dann ein System, mit dem man parallel mehrere Aufträge im Blick haben kann.

Früher wäre mir es nicht im Traum eingefallen, jemanden um Hilfe zu bitten. Das habe ich erst in der Therapie gelernt. Aber wenn du wirklich erfolgreich werden willst, dann musst du auch Leute um Hilfe bitten können. Keiner kann alles alleine schaffen. Damals bat ich also meinen Vater um seinen Rat und holte mir mit ihm einen absoluten Experten in das Unternehmen.

Ich sagte ihm: „Papi, ich kann die Leute nicht führen. Ich habe drei bis fünf Maler und reg' mich nur auf, wenn ich ihnen etwas erklären soll. Das können andere besser. Was ich machen kann: Ich ziehe die besten Aufträge an Land." Wir brauchten eine Optimierung, um konkurrenzfähig zu bleiben. Das war Anfang 2008. In unserem Bekanntenkreis fielen die Leute aus allen Wolken und rieten meinem Vater davon ab: „Das kannst du doch nicht machen, so kurz vor der Rente. Du hast doch so einen super Job. Du hattest dein Leben lang Anzug und Krawatte an und jetzt willst du auf die Baustelle. Das kann doch nicht sein!" Mein Vater reagierte stark. Er sagte nur: „Ich habe darüber nachgedacht und jetzt habe ich meinem Sohn zugesagt. Ich glaube an ihn."

Aber bei allem Risiko, welches er auf sich nahm, war mein Vater auch immer ein Sicherheitsmensch. Seine Bedingung war, dass wir eine GmbH gründen, damit wir, falls ein Großkunde nicht zahlen konnte, nicht selbst dafür haften müssen. Im Anschluss daran überlegten wir, ob wir das Büro weiterhin bei mir zu Hause belassen. Letztlich entschieden wir uns dazu, ein Büro anzumieten. Natürlich war uns flau im Magen. Es waren 300 Franken im Monat, aber man kann kein Geschäft ohne Risiko eingehen - und bei jedem Wachstumsschritt gibt es ein Risiko.

Mein Vater sagte ganz realistisch: „Schau, Mario, ich habe einen Lebensstandard und den will ich weiter halten. Wir müssen also dafür sorgen, dass das Geschäft läuft." Mit einem Wort: Wir gaben Vollgas. Das musste jetzt einfach klappen. Aber ich habe auch nichts dem Zufall überlassen.

Bereits im Jahr 2006 bei der Gründung hatte ich mir einen Namen ausgesucht, den man nicht so schnell vergisst: Loco. Das heißt auf Spanisch „verrückt, durchgeknallt" und war damals ein Modewort. Irgendwie haben mich die anderen in der Therapie immer „Loco" genannt und so blieb der Spitzname eben hängen. Noch heute sagen Kunden, dass sie schmunzeln müssen, wenn sie den Namen auf meiner Visitenkarte lesen.

Das ist also noch ein Tipp am Rande: Such dir einen Namen und ein Firmenlogo aus, das auffällt. Nimm etwas, das nicht jeder hat. So erinnern sich die Kunden leichter an dich. Praktisch alle Maler in der Schweiz nennen ihren Betrieb nach ihrem Nachnamen. Ich dachte auch zuerst: „Cortesi klingt doch super!" Dann kam ich aber auf „Loco, der Pinsler". Jedes Mal, wenn ich den Namen sah, musste ich lachen. Das passte.

Als mein Vater einstieg, hatte ich endlich Zeit, mich weiterzubilden. Vorher hatte ich ja rund um die Uhr den Laden am Laufen gehalten und war zu nichts gekommen. Jetzt hatte ich Zeit gewonnen und besuchte ein Sales Camp von Franz Albisser. Dort habe ich die Kaltakquise richtig kennengelernt. Diese Camps hat mein Vater mir empfohlen, und ich kann sie auch nur jedem weiterempfehlen, der in seinem Business wachsen möchte.

Zur Akquise generell und zur Kaltakquise im Besonderen werde ich mit dir hier ein paar Erfahrungen teilen, die mein Business richtig in Gang gebracht haben. Akquise heißt ja letztlich nichts Anderes als „Kunden gewinnen", und Leute, die schon ein Unternehmen haben oder selbstständig sind, wissen: Akquise ist viel Fleißarbeit. Kaltakquise heißt, dass man im wahrsten Sinne des Wortes ins kalte Wasser springt und einfach Firmen akquiriert, die man noch nicht kennt.

Fleißig war ich, seit ich in der Therapie anfing, die letzten Strohhalme vom Boden zu klauben. Ich habe wirklich jeden Tag wie wild telefoniert und Mails geschrieben. Früh um fünf aufstehen, Liegestützen machen, eiskalt duschen und dann ging es los. Ich trainierte wie Rocky – nur eben nicht für den Boxring, sondern für mein Business. Manchmal sind das aber recht ähnliche Schauplätze. Für beides braucht man Mut, Disziplin, Ausdauer, Spaß an der Sache und eine positive Einstellung - ganz nach dem Motto: „Ich bin ein Gewinner!"

Trotz der Erfolge wusste ich noch nicht wirklich, wie ich die Kunden effektiv gewinnen konnte. Das habe ich erst mit viel Übung gelernt. Gerade die Kaltakquise will gelernt sein. Da fand ich in Franz Albisser einen Top-Trainer. Er ist auch heute noch einer der besten Verkaufs-Experten, die ich kenne. Auch mein Vater „trainierte" mich am Telefon. Am Anfang rief ich an, war total aufgeregt, weil mein Vater vis-á-vis saß und mich auslachte. Die Worte sprudelten nur so aus mir heraus und ich legte mit einem total blöden Gefühl auf, aber mein Stolz ließ mir da keine Ruhe. Wie gesagt, meine Devise heißt: „Nie aufgeben!" Ich rief noch einmal an und sagte: „Hören Sie, das ist für mich alles ganz neu, was ich hier mache. Merken Sie meine Nervosität. Das ist wirklich alles noch so neu für mich…"

Zu meiner Überraschung waren die Leute immer sehr nett, wenn ich einfach ganz ehrlich zugab: „Ich kann das noch nicht perfekt, aber ich gebe mir die größte Mühe." Sie dachten sich wohl: „Komm, dann gebe ich dem jungen Mann doch mal die Chance." Ich appellierte an ihr Mitgefühl, und das funktionierte wunderbar. Wenn die Menschen merken: Das ist ein anderer Mensch, der ist ehrlich nervös und möchte seine Sache gut machen, dann machen sie ganz schnell ihr Herz auf. Zudem konnte ich wieder einmal sehen: Es gibt wirklich nichts, was man nicht lernen kann. Man muss die Sachen einfach machen, dann merkt man, was nicht funktioniert und dann kann man daran schrauben, wie man es verbessern kann.

Franz Albisser hatte Spaß daran, mich zu coachen. Er sagte: „Du bist auch einer, der Gas gibt." Er selbst hat auch eine spannende Geschichte zu erzählen, wie er sich mit 20.000 Franken selbstständig machte. Irgendwann, das erzählte er uns im Sales Camp, hatte er nur noch 30 Franken in der Tasche. An dem Morgen ist er aufgestanden, hat in sein Portemonnaie geschaut und gesagt: „Jetzt ist es wirklich höchste Zeit. Du musst jetzt Gas geben." Damals hat er dann seine Sales Camps in verschiedenen

Ländern aufgebaut und wurde sicherlich mehrfacher Millionär. So einen Moment erlebt wahrscheinlich jeder von uns einmal. Du merkst: „Oha, jetzt muss ich wirklich meinen Hintern von der Couch schwingen und alles geben." Das sind oft große Wendepunkte im Leben. Man fällt ziemlich tief und dann gibt es nur noch eines: Jetzt wirklich Vollgas nach oben!

Im Geschäft ist es wichtig, dass man sich von der breiten Masse abhebt. Am besten machst du die Sachen eben nicht so, wie es alle machen. Das hat bei mir immer ausgezeichnet funktioniert. Zum Beispiel macht man in der Handwerker-Branche normalerweise keine Kaltakquise. Da war ich einer der wenigen. Die meisten warten, dass der Kunde sich auf eine Annonce oder eine Empfehlung hin meldet. Jedoch bin ich nicht der Typ, der gerne wartet. Ich habe den Spieß umgedreht und bin auf die Kunden zugegangen. Das war für mich der Schlüssel zum Erfolg. Immer, wenn ich durch die Schweiz fuhr, sah ich Firmen, Fabriken, Altersheime, Krankenhäuser, Architekten und Privathäuser. Sie alle brauchen einen Maler. Einen Fliesenleger oder Architekten braucht man alle paar Jahrzehnte einmal, aber einen Maler braucht man immer wieder. Das waren alles potenzielle Kunden. Ich sah überall eine Chance und das Potential für uns.

Dann ging ich ins Internet und suchte mir die Kontaktdaten der Firmen heraus. Du musst wissen, wer der Big Boss ist. Das Problem beim Internet ist aber, dass du ziemlich schnell von dem abgelenkt wirst, was du eigentlich suchst. Setze dir deshalb vorab ein Ziel – also einen Auftrag bei einem Kunden – und dann lass dich von nichts mehr abbringen, bis du das Ziel erreicht hast.

Du kannst dir auch einfach die Infos aus einem Branchenbuch holen. Dann rufst du die Sekretärin an und lässt dir die Daten bestätigen. Das Allerwichtigste dabei ist: Du musst die Person am Telefon für dich gewinnen. Wenn die Leute dich sympathisch finden und dich mögen, dann werden sie dir auch helfen. Das entscheidet oft darüber, ob du zum Big Boss durchgestellt wirst oder nicht.

Ich habe immer angerufen und gesagt, dass ich von einer - anfangs erfundenen – Firma sei, gerne Werbematerial schicken würde und mir dafür die Daten bestätigen lassen wollte. Wenn dann ein Fehler in den Daten war und mich die Sekretärin korrigierte, bedankte ich mich ganz herzlich: „Liebe Frau Meier, vielen Dank, Sie waren mir eine sehr große Hilfe." Das war meistens der Moment, in dem ich schon gewonnen hatte. Die meisten Menschen bekommen ja tagtäglich mehr Rüffel als Dankesworte zu hören, und sie freuen sich, wenn man freundlich zu ihnen ist und sie einem weiterhelfen konnten.

Wie auch immer: Du musst an den Zuständigen für deine Aufträge kommen. Das ist in jeder Branche jemand anderes. Durch die Sekretärin lässt du dir den Vor- und Nachnamen vom Big Boss – nennen wir ihn Frank Müller – geben, oder, mit etwas Glück, sogar die direkte Durchwahl.

Wenn du diese Infos hast, dann legst du auf und wartest zwei bis drei Tage. Dann rufst du ganz selbstsicher wieder an. Dieses Mal sagst du deinen richtigen Namen. Ich habe immer gesagt: „Guten Tag, mein Name ist Mario Cortesi. Ich würde gerne mit Frank Müller sprechen." Dabei betonte ich den Vornamen etwas mehr als den Nachnamen. Den Tipp habe ich von Franz

Albisser, denn es klingt so, als sei ich persönlich mit dem Chef befreundet. Das sind kleine psychologische Tricks, die einfach super funktionieren. Wenn ich dann mit Frank Müller sprechen konnte, ging ich aufs Ganze. Ich sagte: „Guten Tag Herr Müller, ich bin Mario Cortesi, Leiter vom Malerbetrieb ‚Loco, der Pinsler'. Ich weiß, dass Ihre Zeit kostbar ist. Bitte schenken Sie mir nur zwölf Minuten Ihrer wertvollen Zeit. Ich komme zu Ihnen und mache eine kurze Präsentation unserer Leistungen. Zwölf Minuten und keine Sekunde länger." Dann bekam ich normalerweise einen Termin beim Big Boss - zumindest in acht von zehn Fällen.

Geschniegelt und gut vorbereitet ging ich dorthin und machte meine Präsentation. Erst kam ich nur mit einer Visitenkarte und habe ausschließlich geredet, bis ich bemerkte, dass das für die Kunden schnell zu anstrengend wird. Den Kunden interessiert ja nicht, was ich alles Tolles kann, sondern was sie davon haben. Ich musste ihnen aufzeigen, was sie bekommen und was sie gewinnen.

Das ist überhaupt eine der Grundregeln im Verkauf. Viele sagen immer, was sie alles können und was sie alles machen, aber die Kunden wollen wissen, was sie davon haben. Sie wollen den Nutzen für sich sehen. Dafür musst du erstmal herausbekommen, was der Kunde eigentlich braucht. Recherchiere im Internet und versetze dich in seine Lage. Überlege dir dann, was du ihm bieten kannst. Was wäre das Allerbeste für ihn? Wir alle hören doch gerne, was wir gut machen. Wir alle brauchen Anerkennung. Und wenn uns ein Dienstleister wirklich eine optimale Lösung anbietet und uns dabei noch anerkennt, dann kaufen wir das doch, ohne mit der Wimper zu zucken, oder? Die Kunden sollen sich als Gewinner fühlen, aber das muss natürlich auch von Herzen kommen und darf nicht gespielt sein. Du musst wirklich überlegen: „Wie und womit kann ich den Kunden so gut helfen, dass sie einfach nur gewinnen können, wenn sie mich buchen?"

Da die mündliche Präsentation ineffizient war, entschied ich mich zusätzlich für Flyer. Jedoch stellte ich schnell fest, dass ich dadurch die Aufmerksamkeit der Kunden verlor. Dann kaufte ich ein iPad und begann mit Power-Point-Präsentationen. Das lief wunderbar und die Kunden staunten nicht schlecht, was für eine geniale Präsentation so ein einfacher Malerbetrieb vortragen konnte.

Ich lernte noch zahlreiche andere Details. Vieles davon las ich auch in den Dale-Carnegie-Büchern. Zum Beispiel sollte man niemals direkt gegenüber von jemandem sitzen, da diese Sitzposition der direkten Konfrontations-Situation ähnelt. Das ist psychologisch unangenehm. Besser ist es, in einem leichten Winkel schräg zueinander zu sitzen, und beide blicken beispielsweise auf die Präsentation auf dem iPad. So hat der Kunde einen freien Blick und fühlt sich wohl während der Präsentation. Man sollte auch nicht stehen, während der Kunde sitzt. Dann blickt man auf ihn herunter, und er fühlt sich womöglich herabgesetzt. Das passt nicht zur Situation.

So lernte ich also Schritt für Schritt die Kaltakquise. Klar, heute würde ich keine Geschichten mehr erfinden, um an Informationen zu kommen, aber jeder fängt irgendwann einmal klein an, und als Anfänger ist es fast unmöglich, an den Big Boss heranzukommen. Ich erinnere mich, wie Richard Branson in seinem Buch „Geht nicht, gibt's nicht" seine Anfänge beschreibt. Er war damals 16 und noch nicht einmal geschäftsfähig. Da er eine sehr tiefe Stimme hatte, konnte er am Telefon wirklich große Deals abschließen. Er tat so, als wäre er Anfang 30. Zuerst rief er bei Coca-Cola an und meinte, Pepsi hätte Interesse an der großen Werbefläche in seiner Zeitschrift, was Coca-Cola ihm bieten würde. Das mit Pepsi war natürlich gelogen. Klar ist Lügen nicht die Lösung, aber das Paradoxe am Anfang einer Karriere ist ja, dass man noch keine starken Referenzen hat, um große Kunden zu bekommen, und ohne die großen Kunden gibt es keine starken Referenzen. Irgendwie muss man diesen Teufelskreis durchbrechen und einfach anfangen, auch wenn man dafür kurzzeitig 30 statt 16 ist oder sich eine Geschichte einfallen lässt, um an den Big Boss heranzukommen.

Wie auch immer: Meine Telefonate wurden immer besser. Ich ließ mich nicht mehr verunsichern, wenn jemand mir zuhörte. Bald lief ich im Büro auf und ab und redete mich fast heiser vor Begeisterung. Dann kamen auch die wirklich großen Aufträge. Letztlich lief vieles einfach über Sympathie. Wenn man freundlich und ehrlich ist, dann kann gar nicht viel schiefgehen. Allerdings sollte man sich niemals verstellen, um etwas zu verkaufen. Damit kommt kein langfristiger Erfolg. Jeder ist wie er ist, und dementsprechend findet man auch die Kunden, die zu einem passen. Je weniger man etwas vorspielt, desto schneller kommt man ans Ziel.

Wenn du lernst, mit Menschen umzugehen, dann wirst du auch Erfolg haben. Erfolg heißt nicht nur Geld haben. Es heißt, dass man ein erfülltes Leben führt. Dazu gehören vor allem gute Beziehungen - egal, ob mit Freunden, Familie, Geschäftspartnern oder Kunden. Wir sind alle Menschen und wollen gut behandelt werden.

Ich war mir nie zu fein für irgendwelche Arbeiten. Meine Leute im Betrieb wissen, dass ich auch heute noch mit anpacke und keine Angst habe, mir die Finger schmutzig zu machen. Ich weiß, was es bedeutet, zu arbeiten und ich habe Respekt vor dieser Arbeit, auch bei anderen. Neulich habe ich unserer Putzfrau hier im Haus beim Fegen geholfen. Sie war total überrascht, aber ich erinnere mich noch an die Tage in der Therapie, an denen ich den Hof fegte. Diese Arbeiten sind so einfach und konkret. Das tut unheimlich gut und bringt mich wieder zum Wesentlichen zurück.

Der nächste Punkt bei der Akquise ist: „Du musst dranbleiben." Egal, wie oft man dich abwimmelt. Egal, wie oft du ein „Nein" kassierst. Wer dranbleibt, gewinnt. Wie diese kleinen Hunde, die sich an etwas festbeißen. „Wadenbeißer" nennt man das. Komme, was wolle: Du lässt nicht locker, bis du den Auftrag hast. Wenn dir zum Beispiel eine Sekretärin sagt „Tut mir leid, wir haben momentan kein Interesse", dann fragst du „Ok, wann darf ich mich wieder melden? In drei Wochen?". Sagt die Sekretärin daraufhin „Ich schicke Ihnen einen Termin", dann reagierst du mit „Ich biete ihnen drei mögliche Termine". Lass dich nicht abwimmeln, sondern hab eine Antwort und leg erst auf, wenn du einen neuen Termin in deinem Kalender eintragen kannst. Du notierst das und rufst in genau drei Wochen wieder an. Am besten rufst du gleich morgens um 8.00 Uhr an, wenn die Person gerade frisch ins Büro gekommen und noch entspannt ist.

Neben dem Sales Camp habe ich noch andere Trainings und Schulungen unternommen. Im Anschluss daran schloss ich die Handelsschule ab und wollte direkt zum technischen Kaufmann übergehen. Mein Vater, der mir ja in allen Bereichen mit seinem Rat zur Seite stand, meinte aber: „Halt, stopp, Mario, das ist zu bürolastig. Der technische Kaufmann bringt die Firma so nicht weiter. Du musst etwas in deiner Branche machen. Du musst in deinem Job kompetenter werden." Genau deshalb habe ich dann die Vorarbeiterschule besucht.

Mit 24 ging es mir beruflich schon so gut, dass ich mir eine Wohnung suchte. Natürlich war da immer noch die Angst, dass es nicht klappen könnte. Man muss das Gleichgewicht zwischen Wachheit und Mut halten. Wenn du 5.000 Franken verdienst, dann kannst du nicht ständig 6.000 ausgeben.

Im März 2007 habe ich den Sprung gewagt und bin von zu Hause ausgezogen. Ich habe damals eine Viereinhalb-Zimmer-Wohnung gemietet, und lernte in der Zeit meine heutige Frau kennen.

Als Malermeister gibt es ja immer eine starke und eine schwache Saison. Im Frühling und Sommer war immer viel zu tun. Ich hatte für diese Zeit schon ein paar größere Aufträge an Land gezogen - und ziemlich gute Aufträge dazu. Im Winter konnte ich mir dann mein erstes Auto kaufen, weil meine Firma so gut lief: einen Chevrolet Trailblazer, 4,2 Liter SUV, den ich meinem Vater für 21.500 Franken abkaufte. Ein wunderschönes Auto war das. Im Sommer arbeitete ich viel und hart, aber ich machte mir trotzdem Gedanken, wie ich die Miete im Winter bezahlen sollte. Ich zahlte damals knapp 2.000 Franken - und das war viel Geld für mich. Mein Bauch sagte aber: „Mach es. Das ist der nächste Schritt. Du musst mobil sein und zu Kunden mit dem Auto fahren können." Auf diese Impulse habe ich eigentlich immer gehört.

Die Geschäfte liefen so gut, dass wir finanziell stabil über den Winter kamen. Ich konnte mir sogar noch spezielle Felgen, einen DVD-Player, ein TV-Gerät und anderen Schnickschnack kaufen. Ich war überglücklich mit meinem „großen Spielzeug". Als ich 27 Jahre alt war, wurde meine heutige Frau dann schwanger. Wir bekamen zwei wunderschöne Söhne, Lorenzo und Alejandro. Davor machten wir noch eine große Reise nach Kuba und in die Dominikanische Republik. Wir flogen für einen Monat in die Dominikanische Republik, wo meine Frau auch Familie hat. Sie war damals im fünften Monat schwanger. Mein Vater war nicht so begeistert, dass ich für einen Monat im Geschäft fehlen würde, aber ich musste das machen. Ich arbeitete ja wirklich ständig und gelegentlich musste ich komplett abschalten können und neu auftanken.

Als wir zurückkamen, organisierte ich eine Überraschung für meine Frau. Aus meiner Drogenzeit kenne ich noch Momente, in denen ich nicht einmal einen Franken im Portemonnaie hatte. Das Geld hat für nichts gereicht, und ich wusste oft nicht, was ich essen sollte. Als ich dann anfing, zu arbeiten, sparte ich von Anfang an. Ich habe bis heute eine solche Spardose, in die ich jeden Tag alle Münzen hineinwerfe, die ich in meinem Portemonnaie finde. Ich wollte einfach immer im Überfluss leben und nie wieder ohne Geld dastehen. Doch ich spare nur im kleinen Stil, so ist der Ansporn für mich größer, Geld zu verdienen. Damals hatte ich 3.500 Franken gespart und damit kaufte ich meiner Frau ihr erstes Auto. Als wir von der Reise zurückkamen, stand der gebrauchte Opel Corsa glänzend poliert vor der Haustür. Sie freute sich unglaublich darüber.

Die Sache war nur: Sie hatte noch keinen Führerschein. Ich gab ihr die Schlüssel und sagte: „So, und jetzt machst du dich an die Führerscheinprüfung." Das hat sie auch gemacht. Heute ist sie eine leidenschaftliche Autofahrerin. Mein erstes eigenes Auto, meine erste Wohnung, die erste große Reise und das Auto für meine Frau – es waren alles Meilensteine für mich. Schritt für Schritt ging es uns besser und besser.

Dann wurde ich 28 Jahre alt und erinnerte mich wieder an meinen Wunsch: Ich wollte ein Einfamilienhaus besitzen, bevor ich 30 Jahre alt war. Meine Frau war im 8. Monat schwanger. Wir hatten noch kein Geld, ein Haus zu kaufen, also machten wir uns auf die Suche nach einem passenden Haus zur Miete.

Wir sahen uns ein Haus an, aber das passte nicht. Meine Eltern hatten meine Frau und mich begleitet. Auf dem Rückweg fuhren wir plötzlich an einem Haus vorbei und ich sagte: „Mami, fahr da rauf, das ist es!" Meine Mutter nickte nur: „Ja, das ist es." Wir sahen uns das Haus an und ich wusste: „Das Haus muss ich haben." Tatsächlich stand auf einem Schild „zu vermieten".

Am nächsten Tag rief ich in der Hausverwaltung an und sagte: „Ich will das Haus." Der Verwalter sagte: „Schön, dass sie das wollen, aber das wollen fünf andere auch." Ich habe meine Kontoauszüge und alle notwendigen Unterlagen ausgedruckt und bin damit direkt zum Hausverwalter gegangen. Ich sagte wieder: „Ich will dieses Haus. Das Haus ist für mich bestimmt." Für mich gab es da keine Zweifel mehr. Ich sah den Vermieter an: „Bitte helfen Sie mir. Ich muss dieses Haus haben. Bitte, geben Sie uns das Haus. Ich werde Sie nicht enttäuschen." Eines kurz nebenbei, darüber haben wir ja schon bei der Akquise gesprochen: Menschen um Hilfe bitten bewirkt wahre Wunder. Der Verwalter half uns wirklich. Ich habe ihn auch nicht enttäuscht und alle Papiere gebracht, die er brauchte, und die Hausfassade sogar noch selbst streichen lassen. Dafür nahm ich 10.000 Franken in die Hand.

Das Badezimmer war auch ziemlich alt und scheußlich, aber alles zu renovieren, wäre zu teuer gewesen. Deshalb machten wir eine Zwei-Komponenten-Beschichtung. So muss man die Fliesen nicht ersetzen, sondern man streicht sie einfach an. Es sieht toll aus und ist natürlich um ein X-faches günstiger, als zu renovieren. Als der Verwalter das sah, war er total begeistert und gab uns gleich einen weiteren Auftrag über 12.000 Franken für sein eigenes Haus.

Einen Monat später, im Frühjahr 2011, kam unser erster Sohn Lorenzo zur Welt. Wir mieteten das Haus. Der Mietpreis inklusive Nebenkosten betrug 3.300 Franken – das waren gut 1.300 Franken mehr als unsere Wohnung. Da hatte ich schon wieder etwas Magenschmerzen und ich dachte: „Kriegen wir das hin mit den Kosten?" Aber irgendwie haben wir es hingekriegt. Wie ich schon sagte: Wo ein Wille ist, ist auch ein Weg.

Wir legten den Garten neu an, und die ganze Familie half mit. Sogar einen Pool hatten wir jetzt. Es war ein kleines Paradies. Nach vier Monaten heirateten wir dann. Wir hielten Doppelhochzeit zusammen mit meiner Schwester Claudia und ihrem Mann Thomas. Es war ein großes Fest mit 230 Gästen.

Nun saß ich also im Garten meines Einfamilienhauses, wie ich es mir gewünscht hatte – oder zumindest fast, denn es war ja noch nicht mein eigenes Haus. In dem Moment wurde mir klar, wie wichtig es ist, seine Wünsche klar zu definieren. Je genauer du weißt, was du willst, desto genauer hilft dir das Leben, es zu bekommen.

Damals erinnerte ich mich wieder an meinen Kindheitstraum. Schon als kleiner Junge war es so: Immer, wenn ich ein schönes Auto gesehen hatte, sagte ich mir: „Bevor ich 40 bin, habe ich meinen eigenen Lamborghini." Aber wie sollte ich so ein Auto bezahlen? Mit Hosenknöpfen? So gut ging es uns dann auch wieder nicht. Lamborghinis kosten ja sehr viel. Ich wusste nicht, wie ich das anstellen sollte, aber ich hatte es mir in den Kopf gesetzt. Das ist, denke ich, etwas ganz Entscheidendes: Du musst stur deinen Träumen folgen, auch wenn du noch nicht siehst, wie es gehen kann.

Bis dato hatte ich nur einen gut laufenden Laden, aber kein Millionengeschäft. Ich verdiente einen guten Lohn, aber ich habe auch immer in Saus und Braus gelebt und war nie ein großer Sparer. In der Zeit hatte ich mir den Camaro gekauft, den ich mit Cash bezahlte. Leider brachte er mir kein Glück. Ich hatte einen Unfall. Es war eigentlich ganz harmlos, aber ein Totalschaden: Es war ein schöner Sonntag. Ich saß gerade auf der Beifahrerseite. Lorenzo wollte zu mir einsteigen. Dann hat die Kupplung einen Ruck gemacht und wir fuhren direkt in den Bach hinein. Das Auto hatte einen Wasserschaden und war kaputt. Die Versicherung bezahlte das meiste, und ich konnte ein neues Auto kaufen – wieder einen Camaro. Mit dem hatte ich auch noch einmal einen Unfall. Meine Frau sagte daraufhin: „Du musst das Auto weggeben. Das hat eine schlechte Energie." Aber ich sagte: „Nein, sicher nicht. Das ist ein super Auto."

Im Sommer 2015 fuhren wir dann zum Geburtstag von Leandro, dem Sohn meiner Schwester Claudia. Zwei Jahre ist das jetzt her. Wir fuhren gerade durch einen Tunnel, als die Polizei hinter uns herkam. Es gab ein Problem mit dem Auspuff und sie hielten uns an. Wir saßen leider zu fünft im Auto, ohne Kindersitz, und eigentlich ist das ein Viersitzer. Als wir gerade Führerschein und Fahrzeugpapiere zeigen sollten, bekamen sie einen Funkspruch durchgesagt. Die Polizistin sagte: „Sie haben heute Riesenschwein gehabt. Wir haben gleich einen Notfalleinsatz und müssen weiter. Gute Fahrt. Und das nächste Mal aufpassen." Meine Frau meinte wieder: „Siehst du, schon wieder. Das Auto bringt Unglück." Und ich meinte aus Spaß: „Ja, schon gut, ich verkaufe den Camaro jetzt einfach und kaufe mir eben einen Lamborghini." Verrückterweise wurde aus diesem Scherz irgendwann Realität. Tatsächlich kam es zu einem Geschäftsabschluss, der mir plötzlich das Geld für den Lamborghini brachte, ohne den Camaro verkaufen zu müssen.

Mehr aus Spaß schaute ich dann bei Autoscout hinein. Schon nach kurzer Zeit habe ich einen gebrauchten Lamborghini gesehen. Das Auto stand in Sankt Gallen. Wir fuhren eine Stunde dorthin. In Deutschland ist eine Stunde nicht viel, aber in der Schweiz ist das schon weit. Draußen regnete es, und der Besitzer sträubte sich ein bisschen vor der Probefahrt. Er fuhr zuerst, dann ich. Er dachte sich sicher „So ein junger Schnösel wie der hat doch kein Geld dafür." Mehrmals fragte er mich, ob ich wirklich Interesse hätte. Ich kam auch ganz leger in Jeans und T-Shirt daher. Er wusste ja nicht, dass ich Chef meiner eigenen Firma war.

Beim zweiten Mal schalten sagte ich: „Das Auto ist gekauft. Wir fahren jetzt zurück und machen den Vertrag." Der Mann war total perplex: „Ja, wie meinen Sie das jetzt?" Ich meinte nur: „Ja, genauso wie ich es gesagt habe." Er war wirklich total überrascht: „Aber Sie sind ja noch nicht einmal richtig gefahren." Ich erwiderte: „Das muss ich auch nicht. Es stimmt, es passt." Wir sind zurückgefahren und ich habe das Auto gekauft.

Für die Kundengespräche kaufte ich mir einen Range Rover. Das passte einfach besser. Mein Fokus war damals schon, die kleinen Verhandlungen nicht mehr führen zu müssen. Ich wollte nur noch die großen Verträge machen. Jahrelang bin ich zu den Kunden gegangen und habe verhandelt. Das wollte ich jetzt abgeben und mich auf das konzentrieren, was ich am besten kann. Ich wollte in die höchste Liga kommen, und wenn du in einer Liga spielst, dann brauchst du auch das entsprechende Ambiente. Das bringt dir Energie und den Flow in dein Geschäft. Deshalb wollte ich auch unbedingt einen Lamborghini. Man kann jetzt sagen: „Der Cortesi ist ein Protzer." Für mich ist es ein Kindheitstraum, der in Erfüllung ging, und jeden Tag sehe ich den Wagen und freue mich darüber. Er motiviert mich, noch größer zu denken.

In meinem Büro habe ich einfach die Energie von dem konzentriert, was ich erreichen will und was mich begeistert: das Auto, die exzellenten Weine, die Zigarren, das Lichtdesign und die

Möbel. Oft, wenn ich in mein Büro komme, denke ich: „Wow, was du alles erreichen kannst, wenn du deine Gedanken richtig steuerst."

In der Schweiz zeigen viele nicht, was sie haben. Ich bin da das Gegenteil: Ich lebe das, was ich habe - und was ich habe, macht mir Freude. Diese Freude teile ich mit anderen. Du kannst all meine Freunde fragen. Wir haben oft viele Gäste im Haus und machen tolle Feste. Das kostet mich immer einen Haufen Geld: Champagner, teurer Wein und gutes Essen. Das ist mir aber egal, denn dafür verdiene ich das Geld. Was bringt mir denn der ganze Reichtum, wenn ihn nicht gemeinsam mit anderen genieße?

Die Zigarren sind ein gutes Beispiel. Dann kommen fünf, sechs Leute vorbei und ich verschenke einfach einmal fünf oder sechs Zigarren. Das kostet viel, aber das ist mir egal. Ich kann es mir leisten und lasse andere an meinem Reichtum teilhaben. Das ist mir sehr wichtig. Ich habe mich auch immer gefreut, wenn ich einen Lamborghini auf der Straße sah. Ich war nie neidisch, sondern habe es den Leuten immer gegönnt und gedacht: „Irgendwann will ich auch so einen!" Heute fahre ich ein Auto von einer halben Million auf der Autobahn und ich sehe, wie die Leute davon Fotos machen. Sicher sitzt da auch irgendwo ein Junge in einem anderen Auto und denkt sich: „Irgendwann will ich das auch!"

Das ist doch super! Genauso ein Junge, wie ich es einmal war, wird dadurch motiviert, seine Träume zu verfolgen. Ich finde es auch heute noch geil, wenn ich so ein Auto sehe. Du zeigst etwas, was nicht alltäglich ist und daran haben die Menschen doch

Spaß! Manche sagen zu mir: „Du bist ein Angeber." Vielleicht bin ich das. Du kannst den anderen ja immer so sehen, wie du es willst. Du entscheidest, wie du ihn sehen willst. Es ist mir nicht wichtig, was die Leute denken, denn das kann ich eh nicht ändern. Ich verstecke mich halt einfach nicht und zeige mich so, wie ich bin.

Ich könnte jeden Tag in Anzug, Krawatte und teuren Sachen herumlaufen, aber das mache ich nicht. Heute habe ich Jeans und Hemd an. Das Hemd habe ich an, weil ich heute Morgen bei einer Liegenschaftsverschreibung war. Da gehe ich nicht mit T-Shirt hin. Normalerweise bin ich aber mit T-Shirt und Jeans unterwegs.

Andere gehen im Anzug und laufen wie mit einem Besenstil hinten drin, ganz gerade mit zurückgezogenen Schultern. Nein, das bin ich nicht. Ich gehe auch manchmal Häuser in kurzen Hosen und Flipflop kaufen. Da haben mich die Leute schon blöd angeschaut. Sie dachten: „Was ist das für einer." Der, der das Haus aber später gekauft hat, das war ich, nicht der mit der Krawatte. Viele Leute verstellen sich und tun sehr wichtig. Wenn es dann zum Geschäft geht, merkst du schnell, dass das oft nur heiße Luft war.

Erfolg kommt daher, dass man sich eben nicht verstellt. Das weiß ich zu 300 Prozent! Es gibt Unternehmen, die erfolgreich sind, aber komplett formal und ohne Spaß. Oftmals leidet gerade die Kundenfreundlichkeit darunter. Ich bezweifle, dass das auf lange Sicht funktioniert. Ich vertraue einfach dem Leben und mir selbst. Und ich gebe immer mein Bestes.

Das Wichtigste ist eigentlich die Energie. Du kannst es Gott nennen, Leben, Liebe, Universum, oder wie du möchtest. Wir haben alle eine bestimmte Energie, und mit dieser kannst du arbeiten, aber nicht mit viel Überlegen, sondern mit Fokus auf diese Energie. Es ist ja wissenschaftlich erwiesen, dass das Beten zum Beispiel Energien freisetzt. Du kannst so viel damit bewirken. Du musst es auch nicht beten nennen, sondern inneres Zwiegespräch oder Meditation oder eben Visualisierung.

Die Leute um mich herum sind gerne mit mir, weil ich für eine positive Energie sorge. Ich scherze viel und ich suche immer nach Lösungen, nicht nach Problemen. Du hilfst deinem Gegenüber nicht, wenn es dir nicht gut geht. Es bringt nichts, wenn du deine schlechte Laune auf ihn überträgst. Das Ergebnis ist nur, dass dann beide zusammen eine schlechte Energie haben.

Ich denke mir immer: „Was soll's, ich hab' zwei Arme, ich hab' zwei Füße, ich hab' einen Kopf. Ich kann laufen, ich kann schnaufen, ich kann essen, ich kann trinken und ich kann schlafen." Das ist der allergrößte Reichtum. Du bist reich von Natur aus - einfach durch die Gesundheit und durch das Leben selbst. Ein Haus haben ist materieller Reichtum, aber ich denke, du bist am reichsten, wenn du gesund und glücklich bist. Wenn du einmal schlecht drauf bist oder eine Erkältung hast, dann pfeif drauf. Hast Du einen Auftrag nicht bekommen? Dann ist das eben so und es sollte wohl nicht sein.

Meine Familie muss schon manchmal etwas aushalten, wenn ich nach Hause komme und gestresst bin, aber ich habe einen super Ausgleich mit meiner Frau gefunden. Sie weiß, was in diesen Momenten zu tun ist. Es ist auch nur ein kurzer Moment und dann bin ich wieder gut drauf. Es gibt ja diesen Spruch: „Hinter jedem starken Mann steht eine starke Frau." Heute könnte man das etwas moderner sagen: „Hinter jedem starken Menschen steht ein starker Partner." Ein erfolgreicher Unternehmer hat meistens eine gut funktionierende Beziehung, einen guten Freund oder einen Partner, der ihn unterstützt und ihm den Rücken stärkt.

Das Schlechteste ist immer, wenn du nichts in deinem Leben änderst, dann kann sich auch nichts ändern. Hab den Mut, etwas zu beenden, wenn es nicht funktioniert. So kommt wieder etwas Neues zustande. Irgendwo geht ein Türchen zu und dafür geht irgendwo eine neue Tür auf. Das ist immer so.

Du liegst so, wie du dich bettest. Wenn du nur immer von dem Negativen sprichst, dann ziehst du das Negative auch mehr in dein Leben, anstatt dass du das Positive hervorhebst und mehr darauf achtest. Die guten Gefühle, die Erfolgsgefühle, sind unser Motor, vor allem die Liebe. Ohne Liebe könnten wir gar nicht leben. Da kann einer noch so ein großer Gangster sein und so tun, als bräuchte er niemanden. Vergiss es! Jeder braucht Liebe. Sie holen sich diese Liebe auch irgendwo - und wenn es bei einem Haustier ist. In Filmen siehst du ja auch: Nach außen machen sie auf großen Gangster und innerlich sind sie ganz jemand anderes. Der Mensch braucht die Liebe. Wir sind darauf angewiesen.

Als Geschäftsmann habe ich vor allem eines gelernt: Lass dein Geld für dich arbeiten. Was bringt es dir, wenn es auf dem Bankkonto herumliegt? Deswegen bin ich auch nie sehr liquide. Ich investiere mein Geld immer irgendwo. Natürlich könnte ich auch einfach sagen: Ich verkaufe meine Unternehmen und Immobilien und tue nichts mehr. Ich müsste vermutlich mein Leben lang nicht mehr arbeiten, aber will ich das? Nein, das ist doch langweilig! Außerdem lebe ich einen gewissen Standard, und um den zu halten, muss man stetig etwas tun. Und: Mir macht arbeiten Spaß, vor allem seitdem ich weiß, wie das Spiel funktioniert.

Letztes Jahr zum Beispiel wollte ich meine Firma – also das Malereigeschäft und die Generalunternehmung – verkaufen. Der Verkauf war schon so gut wie abgewickelt. Ich war gerade eine Woche in Griechenland. Alle waren dabei: meine Frau und unsere Kinder, meine Eltern, meine Schwestern und deren Familien. Dann kam die Hiobsbotschaft: Die Interessenten sind abgesprungen. Fast zwei Jahre hatte ich intensiv versucht, zu verkaufen. Auf einmal war alles umsonst gewesen. Meine Träume sind von einer zur nächsten Sekunde zerplatzt. Wie sollte ich jetzt weitermachen? Es kostete mich einfach zu viel Kraft, alles zu koordinieren und tun zu müssen. Vorher hatte ich zwei Geschäftsführer gehabt, aber das lief auch nicht so, wie ich es wollte. Und ich hatte einfach ganz andere Pläne: Ich wollte aus dem Malergeschäft heraus und nur noch das Immobiliengeschäft weitermachen.

Eine Stunde lang war ich total niedergeschmettert, aber dann rappelte ich mich wieder auf und fing an, meine Situation zu analysieren.

GLÜCK ODER UNGLÜCK?

Wenn etwas nicht klappt, dann gibt es normalerweise einen Grund. War es wirklich ein so großes Unglück? Oft denken wir: „Das ist ein Unglück." Im Nachhinein aber war es genau das Gegenteil.

Sicher kennst du diese chinesische Geschichte: Ein Bauer hat einen Sohn und ein Pferd. Eines Tages läuft ihm das Pferd davon und alle Leute im Dorf sagen: „Was für ein Unglück." Der Bauer aber sagt: „Wer weiß, für was es gut ist." Am nächsten Tag kommt das Pferd zurück – begleitet von drei anderen Pferden. Dann fiel der Sohn des Bauern vom Pferd, brach sich ein Bein und alle Leute im Dorf sagten wieder: „Was für ein Unglück." Der Bauer sagte wieder nur: „Wer weiß, für was es gut ist." Ein paar Tage später brach ein Krieg aus. Alle jungen Männer mussten ins Feld ziehen, nur der Sohn des Bauern konnte mit seinem gebrochenen Bein nicht mit.

Ganz oft im Leben denken wir erst „Das ist ein Unglück", aber im Nachhinein war es für etwas gut. So ähnlich war das auch mit meiner Firma, als ich sie verkaufen wollte. Damals merkte ich, dass ich eigentlich selbst nicht wusste, was ich wollte. Einerseits wollte ich die Verantwortung für die Firma loswerden, und andererseits hing ich an dem Geschäft.

Ich überlegte also, wie ich weitermachen sollte und traf dann die Entscheidung: Ich gebe weiterhin Vollgas und suche mir einen Geschäftsführer, der richtig fit ist, und gebe ihm die leidigen Aufgaben ab.

GROSS DENKEN UND IMMER WEITERWACHSEN

Heute weiß ich: Wenn ich meine Baufirma nicht mehr hätte, dann wäre ich nicht halb so erfolgreich. Es war also wirklich reines Glück – oder sogar Bestimmung -, dass der Verkauf nicht zustande kam. Eigentlich ist das System ja genial: Ich kaufe Immobilien mit der einen Firma und beschäftige die andere Firma für die Renovierungsarbeiten. Ich mache somit zweimal Gewinn - einmal mit der Baufirma und einmal mit der Immobilie.

Nach einer intensiven Stunde des Nachdenkens hatte ich wieder neuen Mut gefasst. Ich dachte: „Okay, fertig. Danke lieber Gott, dass das so ist. Jetzt habe ich mich neu entschieden." Wie immer, wenn ich Entscheidungen treffe, gingen die Dinge danach Schlag auf Schlag. Ich fand schnell einen passenden Geschäftsführer. Vor zwei Jahren hatte ich ihn bereits fragen wollen, aber er wäre zu jenem Zeitpunkt nicht verfügbar gewesen. Du siehst also: Es hat alles so sein müssen, wie es gekommen ist.

Heute kommt es für mich nicht mehr infrage, die Baufirma zu verkaufen. Im Gegenteil: Wir haben weitere acht Mitarbeiter eingestellt und wollen weiterwachsen. Es ist das Gegenteil von dem, was ich vorher gewollt hatte, oder zumindest dachte ich, dass ich das nicht wollte.

Um ehrlich zu sein – kleine Sachen motivieren mich gar nicht. Groß denken und wachsen, das passt zu mir. Deshalb bin ich genau auf dem richtigen Weg – und dieser Weg ist ja noch nicht zu Ende. Wenn du einmal Erfolg und Geld hast, dann kannst du dich nicht auf deinen Lorbeeren ausruhen, sonst ist beides irgendwann weg. Du musst immer weitermachen. Sobald du dein Ziel erreicht hast, steckst du dir ein neues, größeres. Das zumindest ist mein Erfolgsrezept. Dazwischen kannst du immer Etappensiege feiern: „Ja, ich habe mein erstes Auto" oder „Ich habe meine erste Firma gegründet".

Heute weiß ich, wie wichtig es ist, dass du dir genau ausmalst und formulierst, was du erreichen willst, denn je klarer du das weißt, desto schneller wirst du es auch erreichen. Nehmen wir noch einmal das Beispiel mit meiner Firma: Ich wusste immer, dass ich hoch hinauswill, aber hatte nie eine klare Vorstellung davon. So kam überhaupt erst die Idee zustande, die Firma zu verkaufen. Erst als es nicht klappte, wurde mir klar: Das ist das Beste, was dir passieren konnte! Jetzt kannst du richtig groß werden.

ENTSCHEIDUNGEN SCHNELL ZU TREFFEN, SPART DIR ZEIT UND ENERGIE

Genau zu dieser Zeit entschied ich mich auch, meinen zweiten Lamborghini, den Aventador, zu kaufen. Ich setzte mir den 3. Dezember 2016 als Datum. An jenem Tag wollte ich ihn bei mir stehen haben. Frag mich nicht wie, aber es funktionierte.

Damals hatte ich einen Deal am Laufen, welcher sich über sechs Monate hinstreckte. Es ging um zwölf Wohnungen. Durch langes Kämpfen und Durchhalten klappte es endlich. Das Geld war da, und ich konnte mir meinen Aventador kaufen – pünktlich zum 3. Dezember. Vielleicht wunderst du dich, wie ich mich so schnell für das Auto entscheiden konnte, und das ohne Probefahrt!

Das war wieder ein typischer Fall von Bauchgefühl. Manche nennen es auch Intuition. Wenn du ganz bei dir bist und weißt, was du willst, dann musst du nicht lange überlegen. Du weißt einfach, wenn etwas passt oder nicht. Dieses Hin- und Herüberlegen ist meistens reine Zeitverschwendung. So mache ich das auch beim Kauf von Häusern. Ich habe so viele Häuser in meinem Leben besichtigt. Mittlerweile muss ich oft gar nicht mehr hineingehen. Ich weiß bereits beim Anschauen eines Fotos oder beim Heranfahren: „Das ist es!"

Ich bin für schnelle Entscheidungen, und wenn du dich einmal entschieden hast, blick nicht mehr zurück. Hast du einmal gelernt, dir selbst zu vertrauen, kannst du plötzlich in einem Augenblick eine Entscheidung treffen, für die du früher eine Woche Zeit gebraucht hättest. So war das auch mit dem Aventador. Ich habe ihn gesehen und wusste: „Das ist mein Auto, das passt!" Eigentlich wissen wir immer die Antwort, jedoch grübeln wir oftmals stundenlang herum, ob es wirklich das Richtige ist. Dieses Grübeln ist für mich reine Zeit- und Energieverschwendung.

Als ich das Auto hatte, kam mir eine verrückte Idee: Ich wollte in unserem neuen Haus ein Büro mit Glasboden haben. Darunter sollte die Garage sein, sodass ich auf meinen geliebten Lamborghini hinunterschauen konnte. Das würde mich bei der Arbeit motivieren. Im Gespräch mit einem befreundeten Bauleiter kam ich aber auf eine noch ausgefallenere Idee: In der Garage sollte eine Hebebühne eingebaut werden. Diese wollte ich sowieso für Reparaturen integrieren. Die Hebebühne sollte sogar bis ins nächste Stockwerk reichen und meinen Lamborghini hoch in mein Büro fahren. Dort wird er dann wie auf einer

Bühne stehen und wir können ihn bei einem Glas Rotwein und einer feinen Zigarre bewundern. Mein Traum wird gerade zur Wirklichkeit. Ich freue mich wie ein Kind darüber. Während ich gerade an diesem Buch schreibe, schaue ich auf die Glaswand, hinter der mein Auto steht, für das ich wirklich hart gearbeitet habe.

Plötzlich wurde alles ziemlich viel auf einmal. Ich hatte Hypotheken von 8.000 Franken mit Amortisationen im Monat zu stemmen. Gleichzeitig hörte ich nicht auf, zu investieren. Das Verrückteste war aber: Ich hatte noch nie solch einen Quantensprung gemacht wie im letzten Jahr. Ich verdiente zwei Millionen in der Baufirma – ohne Geschäftsführer und ohne Projektleitung. Ich war sozusagen das „Mädchen" für alles.

Dazu muss ich aber noch hinzufügen: Mein Papa war immer eine große Unterstützung gewesen. Er arbeitet bis heute. Zwei- bis dreimal in der Woche ist er für die Firma unterwegs, aber nur für jeweils einen oder zwei Termine. Er macht die Offerten, die groben Sachen übernehme ich. Im Schnitt arbeite ich täglich an die sechzehn Stunden. Heute Nacht konnte ich nicht schlafen und habe dann drei E-Mails geschrieben. Das ist für mich auch arbeiten. Mein Kopf ist ständig auf Empfang eingestellt. Ob Samstag oder Sonntag, für mich gibt es keine Sendepause.

DAS LEBEN ÜBERTRIFFT DEINE KÜHNSTEN ERWARTUNGEN

Ich hatte früher eine genaue Vision, wie mein Leben ablaufen sollte. Diese Wünsche waren sehr konkret und gingen auch in Erfüllung, aber besser noch: Sie wurden übertroffen. Das Haus ist viel größer als in meiner Vorstellung, und ich habe nicht nur ein Auto, sondern mehrere. Dasselbe gilt für die Firma. Das Leben ist wirklich großzügig, wenn du dir Ziele setzt und bereit bist, dafür zu kämpfen. Dann bekommst du viel mehr zurück, als du je erwartet hättest.

DIE ZEHN-ZIELE-LISTE

Ich habe eine Zehn-Ziele-Liste im Büro hängen, die ich mir jeden Tag anschaue. Das empfehle ich auch dir. Schreib dir deine zehn wichtigsten Ziele auf und klebe sie dorthin, wo du sie jeden Tag sehen kannst.

Warum ist diese Liste aber so wichtig? Du musst dir ganz klar über deine Wünsche werden und dazu die passenden Ziele formulieren, sonst kannst du diese Sachen niemals erreichen. Du musst sozusagen dein Navigationssystem im Auto anschalten. Das sind deine Ziele.

Stell dir vor, du willst mit dem Auto nach Nizza fahren. Früher studierte man vorab die Landkarte, aber heute stellt man nur noch das Navi an und fährt einfach los. Alles andere ist unwichtig. So ist es idealerweise auch im Leben: Du gibst dein Ziel ins Navi ein und fährst los, mit deinem Ziel immer vor den Augen. Du weißt nur, dass du von A nach B willst, aber wie du da hinkommst, das ist die Überraschung im Leben. Es kommt sowieso immer anders. Die Hauptsache ist jedoch, dass du ans Ziel kommst. Manche nennen das Zielsetzen auch „Visualisieren". Das kommt aus dem Lateinischen und meint, dass du dir die Dinge vor deinem inneren Auge vorstellst.

Frage dich: Wo will ich genau hin? Was will ich erreichen? Wie will ich leben? Wer will ich sein? Wenn du beispielsweise ein Auto willst, dann sei konkret. Ich will diese oder jene Automarke. Ich will dieses oder jenes Model. Stell dir vor, wie du in dem Auto sitzt und es ausprobierst. Wie fühlt es sich an? Stell dir den Spaß vor, den du mit dem Auto haben wirst.

Frag dich: Wie sieht ein idealer Tag in deinem Leben in der Zukunft aus? Welche Leute umgeben dich? Wie fühlst du dich? Wie, wo und mit wem arbeitest du? Wie, wo und mit wem lebst du? Du musst klar für dich definieren, was du dir wünschst!

Damals sagte ich: „Ich wünsche mir nur noch Leute - das heißt Partner, Freunde, Mitarbeiter, Kollegen – um mich herum, die mich und das Unternehmen weiterbringen und die ich auch weiterbringe." Das heißt, dass ich mich nur noch mit Leuten umgeben möchte, die eine Win-Win-Situation erschaffen. Ich bringe sie weiter, sie bringen mich weiter und wir gemeinsam das Unternehmen. Genauso ist es im Privaten. Das bedeutet auch, dass ich mit solchen Leuten nichts mehr zu tun haben will, welche nur reden und nichts tun. Viele kamen früher an und meinten: „Kannst du mir ein Darlehen geben? Kannst Du mir Geld leihen? Mario, mir geht's nicht gut." Das will ich nicht mehr. Wenn jemand nur Nutznießer sein will, zieht er automatisch die anderen herunter und schafft selbst nichts. Ich habe ganz bewusst angefangen, schlechte Energien fernzuhalten. Das muss ich auch, um Kräfte für mein Unternehmen, meine Mitarbeiter und meine Familie zu sparen.

Mittlerweile kommen solche Leute gar nicht mehr zu mir. Ich sehe das als eine enorme Entwicklung an, die sicherlich auch mit der Meditation und der geistigen Arbeit zu tun hat. Man kann Energie gewinnen oder verlieren. Du kannst zulassen, dass man dir permanent die Energie nimmt, oder du baust dir ein Umfeld auf, das dir und anderen Energie gibt. Ich arbeite viel mit Affirmationen. Mein erster Gedanke am Tag ist ein positiver. Was für ein schöner, neuer Tag. Ein Geschenk! Ich will mich freuen und glücklich sein. Das ist das erste am Tag, das mir durch den Kopf geht. Das lernte ich von Norman V. Peale.

ÄNDERE DEINE EINSTELLUNG ZUM GELD

Viele Menschen denken: „Geld ist schlecht", „Geld stinkt" oder „Geld verdirbt den Charakter". Wenn man so schlecht vom Geld denkt, muss man sich nicht wundern, wenn man keines hat, oder? Ich habe auch bereits Leute sagen gehört: „Alle Leute, die Geld haben, sind gierig." Ja, wie willst du denn so jemals Geld haben? Wenn du denkst, dass Geld schlecht sei, wird dein Unterbewusstsein alles daransetzen, dass du auch kein Geld hast. Das erste, was du also brauchst, ist auch hier eine positive Einstellung. Mach dir klar, was du mit Geld alles erreichen kannst. Überlege dir, wie vielen Menschen du helfen kannst, und an wie viel Qualität dein Leben gewinnt, wenn du keine Geldsorgen mehr hast. Und nicht zuletzt: Stell dir vor, wie viel Spaß es macht, genug Geld zu haben!

Schau dir lieber Leute an, die so leben, wie du es gerne würdest. Wen findest du richtig gut? Wie lebt er oder sie? Womit verdient derjenige sein Geld? Lies Bücher von Leuten, die es wirklich geschafft haben. Vermutlich werden dir fast alle dasselbe sagen: „Du bist, wer du entscheidest zu sein." Geld macht dich nicht besser oder schlechter, es gibt dir nur mehr Möglichkeiten. Mit Geld kannst du leichter deine Ziele erreichen, für deine Familie sorgen und anderen Leuten helfen.

ERWEITERE DEINEN HORIZONT

Es gibt tolle Geschichten von Menschen, die es aus den einfachsten Verhältnissen herausgeschafft haben. Elon Musk, zum Beispiel, der Gründer von Tesla, lebte in einem sehr armen Viertel von Pretoria in Südafrika. Dieses war extrem gefährlich, und er wurde regelmäßig verprügelt, aber er schaffte es aus eigener Kraft heraus. Zusammen mit seinem Bruder wanderte er zuerst nach Kanada aus und dann in die USA.

Frag dich einmal: Wie kommen Leute aus dem Ghetto oder aus irgendeiner schweren Situation heraus? Die Antwort: Sie haben an sich geglaubt! Die meisten haben sich mit Sport und anderen Routinen diszipliniert. So konnten sie aus dem Teufelskreis der Armut herauskommen. Warum? Sie hatten einen Drang nach mehr. Sie hatten große Träume und klare Ziele.

Im Ghetto oder einer armen Gegend gibt es ein großes Problem: Du hast praktisch keinen Horizont. Dein Horizont geht von dieser Hütte bis zur nächsten Hütte. Und wie willst du etwas erreichen, wenn du jeden Tag nur diese begrenzte Welt siehst? Mit deiner Phantasie! Du kannst nur mit deiner Vorstellungs- und Willenskraft aus solch einer Lebenssituation herauskommen. Das ist der erste Schritt.

Ich wünsche mir wirklich, dass jemand dieses Buch in die Hände bekommt, der es dringend braucht. Jemand, der sich nicht vorstellen kann, dass er zum Beispiel nach einer Therapie oder einem Gefängnisaufenthalt noch eine Chance hat. Ich sage dir aber: Du hast nicht nur eine Chance. Du hast alles, was du brauchst, um dein Leben in vollen Zügen zu genießen. Das alles fängt damit an, dass du deinen Horizont erweiterst. Lerne täglich etwas Neues kennen. Finde heraus, was es auf dieser Welt gibt.

Wir alle erleben Tiefpunkte im Leben. Wirklich jeder muss durch diese schwierigen Momente durch. Der Unterschied ist nur, wie du mit diesen Momenten umgehst. Das „Wie" macht den großen Unterschied. Gibst du auf oder kämpfst du für deine Träume? Lässt du dich einschüchtern oder denkst du dir „Jetzt erst recht"?

Egal, in welcher Lage du bist: Erweitere deinen Horizont. Strebe nach dem Höheren, strebe nach immer mehr. Nimm dir ein Beispiel an Kolumbus. Er sagte: „Nein, die Welt hört dort vorne nicht auf." Und er hatte recht! Alle waren ängstlich und dachten, dass er von der Erde herunterfällt. Letztlich ist er durch seinen Mut aber zu einem der größten Seefahrer der europäischen Geschichte geworden. Wenn du dich also auf den Weg machst, wirst du wahre Wunder erleben. Der Untertitel des Buches sagt es bereits: „Kreiere die größtmögliche Vision für dein Leben."

VON DER VISION ZUM ZIEL

Was ist die größte, die allergrößte Möglichkeit, die du dir in deinem Leben wünschst? Fang jetzt nicht mit „Das geht doch eh nicht" an, denn damit machst du dir das ganze Spiel kaputt. Das ist wie eine Ohrfeige, die du dir selbst gibst. Dieses Verhalten muss durchbrochen werden.

Stell dir vor, wie schön es wäre, wenn du einen Helikopter fliegen könntest! Natürlich zu deinem Haus am Meer - wow! Wenn jetzt wieder der negative Impuls kommt, dann sag zu dir selbst: „Der Gedanke ist ungültig! Ich kann und werde das erreichen!" Schau dabei, was mit deinen Emotionen passiert: Erst freust du dich über die Vision, dann machst du sie dir selbst wieder mies. Das fühlt sich nicht gut an. Bleib bei deiner Vision. Mach sie größer und mach sie stark. Das musst du trainieren, nur so kannst du Gewaltiges erreichen. Ich würde das nicht sagen, wenn ich das nicht am eigenen Leib tagtäglich erlebt hätte und weiterhin erlebe.

Meine größte Vision als Kind war es zum Beispiel, eine Familie mit glücklichen Kindern zu haben und in einem schönen Zuhause zu wohnen. Diese Vision habe ich erfüllt. Jetzt könnte ich mich in einen Sonnenstuhl legen und entspannen, aber das will ich nicht. Meine neue Vision ist, dass ich einer der Top-Unternehmer in der Schweiz werden will. Bis ich 40 Jahre alt bin, möchte ich 800 Wohnungen und meine 70-Meter-Jacht haben. Das klingt für viele verrückt, aber wie geschrieben: Ich vertraue darauf, dass das Leben viel einfallsreicher ist als du und ich zusammen!

Wenn ich die Augen zumache, sehe ich die Jacht genau vor mir. Auch meine Frau habe ich bereits angesteckt. Das ist natürlich doppelt effektiv. Vor Kurzem bin ich sogar nach Monaco gereist und habe mir eine 43-Meter-Jacht angeschaut. Ich musste einfach sehen, wie mein Ziel in Natura aussieht. Das Geld, um die Jacht zu kaufen, habe ich jetzt noch nicht. Aber das Gefühl, oben an Deck zu stehen, war unbeschreiblich. Ich wusste: „In ein paar Jahren habe ich das!" Allein der Gedanke machte mich schon glücklich und ich nahm diese Energie mit nach Hause. Seitdem rufe ich mir jeden Tag ins Gedächtnis: So fühlt sich das an, wenn ich eine Jacht habe. Ich sage auch immer zu meiner Frau: „Schau zurück, siehst du dich dort?" Als wir von der Jacht heruntergestiegen sind, habe ich das zum Beispiel gemacht. Wir haben auf die Jacht geschaut und uns vorgestellt, wie wir dort oben stehen. Das ist enorm wichtig! Du musst deine Wünsche mit möglichst vielen positiven Emotionen aufladen, um sie auch umzusetzen.

Wenn du zum Beispiel sagst: „Ich will unbedingt so ein Auto, so einen BMW." Dann geh doch einmal in einen BMW-Laden. Du musst ja nicht mit einer zerrissenen Jeans hineingehen. Zieh dir dein schönstes Hemd an, verhalte dich, als könntest du dir dieses Auto kaufen. Ich meine damit natürlich nicht, dass du jetzt alle Läden abklappern solltest. Mach keinen Ärger und mach den Leuten keine Extraarbeiten, aber schau dir dein Traumauto aus der Nähe an. Stelle dir vor, wie es sich anfühlen würde, wenn du es kaufen würdest und rufe diese Erinnerung wieder auf – am besten jeden Tag.

Ich sage zu keinem meiner Lehrlinge: „Geh in einen Lamborghini-Laden und mache eine Probefahrt." Du musst die Sachen bereits zum Greifen nah haben, sonst bringt es nichts. Ich mache nur etwas, bei dem ich weiß: Das möchte ich haben. Dann setze ich mich selbst unter Druck, um mehr Geld zu verdienen. Egal, was es ist: ein Haus, ein Auto, eine Uhr. Das spielt gar keine Rolle.

Hast du dir schon einmal überlegt, wofür es Schaufenster gibt? Verkaufen ist so eine große Psychologie. Egal, ob du zu Aldi gehst oder zu Ikea. Beide Läden sind ein perfektes Beispiel. Du gehst zu Ikea und willst nur eine Kerze kaufen, aber vergiss es. Du bist zwar mit diesem Gedanken dorthin gegangen, jedoch wirst du viel mehr kaufen. Diesen psychologischen Effekt kannst du auch bei dir selbst anwenden. Du kannst dich selbst auf das fokussieren, was du willst, indem du es dir immer wieder visuell herholst. Du kannst auf Messen gehen, Schaufenster anschauen oder dir ein Bild über deinen Schreibtisch kleben. Probiere es aus! Du wirst staunen, wie gut es funktioniert.

IN DER HOFFNUNG LIEGT DIE NIEDERLAGE, IM WISSEN LIEGT DER ERFOLG

Damit das alles nicht nur Luftschlösser bleiben, musst du natürlich etwas dafür tun. Du kannst nicht darauf hoffen, dass es wahr wird. Du musst dafür sorgen! Nimm dir jetzt eines deiner Ziele heraus und zerlege es in Etappenziele. Wenn du jeden Tag an diesen Etappenzielen arbeitest, dann kannst du in ein paar Wochen, Monaten oder Jahren wahre Wunder vollbringen. Ein Beispiel: Du willst eine Villa. Sie muss so und so aussehen. Okay. Jetzt hast du ein Ziel und nun fokussiere dich jeden Tag darauf, arbeite daran, nutze jede Chance und sei jetzt schon dankbar dafür.

HAB VERTRAUEN!

Natürlich solltest du dafür sorgen, dass du dein Ziel nicht aus den Augen verlierst. Lass dich nicht ablenken und lass dich nicht entmutigen. Hab Vertrauen in dich selbst. Alles, was du brauchst, um deine Wünsche zu verwirklichen, hast du schon in dir, sonst könntest du dir solche Ziele gar nicht vorstellen.

Oft ist es gar nicht so viel, was wir tun müssen. Es geht mehr darum, dass du zielgerichtet daraufhin arbeitest. Glaub mir einfach: Es ist möglich. Das haben schon viele Menschen vor uns geschafft. Die genialsten Erfinder wurden oft für verrückt erklärt, weil sie eine Vision hatten, die andere nicht sehen konnten, zum Beispiel Edison. Er hatte diese fixe Idee vom elektrischen Licht. Er wollte sich nicht mehr bei Kerzenschein die Augen kaputtmachen, und ständig musste die Feuerwehr einen Zimmerbrand wegen einer umgefallenen Kerze löschen. Deshalb suchte er nach einer Lösung.

Edison hat zig Versuche durchgeführt – und ist mindestens genauso oft gescheitert. So ging das eine lange Zeit, bis er endlich das elektrische Licht entdeckte. Heutzutage ist er einer der größten und berühmtesten Männer der Geschichte.

Wenn Edison also solch eine verrückte Idee umsetzen konnte, dann kannst du doch wohl locker von einem Haus oder einem Auto träumen, oder etwa nicht? „Vertraue nur dir selbst, wenn andere an dir zweifeln. Aber nimm ihnen ihre Zweifel nicht übel." Dieser Satz stammt nicht von mir, sondern von Rudyard Kipling, dem Autor von „Das Dschungelbuch". Er wusste auch sehr gut, wovon er sprach. Aufgewachsen in Indien kam er als Sonderling nach England, das Land seiner Eltern. Trotzdem wurde er der erste englischsprachige Autor, dem der Nobelpreis verliehen wurde.

Wieder ein gutes Beispiel dafür, dass du nichts, aber auch rein gar nichts auf Unkenrufe geben darfst. Wenn du etwas möchtest, dann hol es dir und vertrau darauf, dass du die Kraft hast, es zu erreichen!

HÖRE AUF DEIN BAUCHGEFÜHL

Ich schaue immer: Was sagt mein Bauchgefühl? Dann höre ich auf den ersten Impuls, denn die erste Antwort ist immer die richtige. Leider kommt oft der Kopf dazwischen und macht dir Angst. Trainiere dich auch hier! Höre auf deine erste Entscheidung. Das spart dir viel Nachdenken und viel Zeit. Dein Kopf wir dir vermutlich die Sache schlechtmachen, da er nie auf Risiko gehen wird, aber genau im Risiko und in den aufregenden Dingen liegt der größte Gewinn!

Unser Kopf sagt zudem das, was wir aus der Gesellschaft gelernt haben. Leider ist gerade die Gesellschaft generell ziemlich negativ eingestellt, und man hört häufiger „unmöglich" als irgendeine Motivation. Vergiss das! Damit wirst du nichts in deinem Leben schaffen. Wenn du etwas verändern willst, musst du auf dein Bauchgefühl hören. Setze anschließend Herz, Seele und Verstand so ein, dass du dein Ziel erreichst.

Ein Bauchgefühl besitzt wirklich jeder von uns, nur ist es bei vielen Leuten einfach verschüttet. Oftmals ist der Verstand sehr dominant und du denkst: „Nein, das geht doch nicht" oder „Das ist viel zu teuer". Der Verstand ist aber kein guter Ratgeber bei Entscheidungen. Du kannst noch so viel kalkulieren, wenn dein Bauchgefühl „Ja" sagt, ist es eben ein „Ja". Da kannst du dich auf den Kopf stellen und es wird sich nichts daran ändern. Noch schlimmer: Wenn du nicht auf dein Bauchgefühl hörst, dann zahlst du normalerweise obendrauf. Wir wissen innerlich schon sehr gut, was wir wollen und was für uns passt. Je mehr du lernst darauf zu hören, desto besser wirst du vorankommen. Zudem kannst du Entscheidungen viel schneller treffen. Du weißt „Ja" oder „Nein" und musst nicht noch zwei Wochen darüber nachdenken. Das spart dir sehr viel Zeit, Geld und Energie.

Ich weiß noch genau, wie ich unser jetziges Heim gefunden habe. Wir sind daran vorbeigefahren und meine Mutter meinte: „Das wäre was für euch!" Ich wusste sofort: „Ja, das stimmt." Wir hatten beide sofort diese Gewissheit, und es hat sich bestätigt. Wenn ich noch lange überlegt hätte, wäre das Haus mit Sicherheit weg gewesen. Das ist wie bei einer Jeans, die du im Laden siehst und gleich denkst: „Perfekt!" Du musst sie oft gar nicht mehr anprobieren. Es ist einfach klar.

Das Bauchgefühl kannst du trainieren. Übe bei jeder kleinsten Entscheidung, die du täglich treffen musst, auf dein Bauchgefühl zu hören. Frag dich selbst: „Ist das etwas für mich?" Normalerweise weißt du dann gleich die Antwort. Freut es dich, wenn du an die Sache denkst, stresst es dich oder ist es dir egal? Fang an, dich nur noch für die Dinge zu entscheiden, die dich innerlich total freuen. Alles andere ist nur Ballast. Da wirfst du dein Geld für etwas heraus, was du gar nicht möchtest.

So ist es zum Beispiel mit den Dingen, die man nur kauft, um andere zu beeindrucken. Wenn dir die Dinge selbst nicht wirklich gefallen, machen sie dir keine Freude. Den anderen ist es auch total egal. Es bringt dich einfach nicht weiter, wenn du dich nach dem richtest, was andere toll finden. Je mehr du also darauf hörst, was du gut findest, desto weiter wirst du im Leben kommen. Und je ehrlicher du mit dir bist, desto schneller kommst du auch voran. Das ist eine ganz einfache Regel, denn wenn du nicht ehrlich mit dir bist, wie willst du es dann mit anderen sein? Du musst ja immer bei dir selbst anfangen. Du kannst niemand anderem helfen, wenn es dir nicht gut geht. Hol dir also das, was du brauchst, um fit und voller Energie zu sein. Da ist dein Bauchgefühl dein ideales Barometer. Du hast dein eigenes Messinstrument in dir, um herauszubekommen, wo du eigentlich hinwillst. Es kostet dich nichts und du musst nur lernen, es zu benutzen.

DANKBARKEIT

Am Abend, bevor ich zu Bett gehe, bete ich mit meinen Jungs und bin dankbar für das, was ich alles habe. Da geh ich echt auf die Knie, denn ich bin mir hundertprozentig bewusst, was ich alles in diesem Leben genießen darf. Meine Kinder sagen ganz häufig „Danke" und beim Beten sagen sie oft „Danke für das Spielzeug" und „Danke, dass ich wieder gesund bin von der Grippe". Das ist so süß, zu hören, wofür sie alles ganz ehrlich dankbar sind. Das ist immer das Wichtigste: Du musst dankbar sein für das, was du hast. Ich auf jeden Fall bin zufrieden und dankbar, aber noch nicht gesättigt. Ich bin hungrig und will noch mehr. Das gibt mir die Motivation, jeden Tag für meine Ziele zu arbeiten. Wie sagt man so schön: Hast du einmal Kaviar gegessen, willst du immer Kaviar essen. Mir geht es heute sehr gut und ich will mehr.

Es kommen tatsächlich Leute zu mir und sagen: „Du bekommst ja nie genug." Dann antworte ich immer: „Nein, warum sollte ich denn genug bekommen? Das Leben bietet uns ja so viel!" Das ist natürlich meine Art, die Dinge zu sehen. Da ist jeder ein bisschen anders. Als Unternehmer geht man ja viele Risiken ein. Andauernd! Das muss man mögen. Ich habe einfach Spaß an dem großen Spiel. Was das richtige Leben für dich ist, das musst du für dich selbst herausfinden. Ich habe eben den Weg eingeschlagen, bei dem ich sagen kann: „Vollgas!"

Ich könnte aber auch sagen: „Ciao, tschüss, ich verkauf alles und höre ab heute auf, zu arbeiten." Ich könnte das. Ich müsste nie wieder arbeiten, aber ich müsste natürlich meinen Luxus enorm herunterfahren. Das ist eben die Frage: Was willst du? Willst du einfach gemütlich draußen im Garten sitzen und einen Caipirinha schlürfen? Oder willst du mehr bewegen? Willst du Menschen bewegen, und ihnen zum Erfolg helfen? Den Leuten in meinem Unternehmen helfe ich gerne zum Erfolg. Ich will sie alle mitreißen. Dasselbe gilt für Freunde und Partner, mit denen ich zusammenarbeite. Sie verdienen jedes Mal einen Haufen Geld an uns.

Ich bin ein Unternehmer und Materialist - zu 100 Prozent. Weißt du warum? Ich sage mir: Gott ist allgegenwärtig, Gott ist überall. Gott ist in dieser Zigarre, Gott ist in diesem Auto, Gott ist in dieser Weinflasche, Gott ist diese Lampe. Gott ist überall! Warum soll ich also nicht noch mehr von Gott haben wollen? Viele sagen ja: „Immer nur Materialismus, das ist schlecht." Wer entscheidet denn, ob das gut oder schlecht ist?

Ich baue mir meine Welt so, wie ich es mag, und ich fühle mich wohl und bin zufrieden. Das kann jeder halten, wie er will. Ich sage sicher nicht bei anderen: „Das ist schlecht, das ist schlecht und das ist schlecht". Mir ist das egal. Wenn du glücklich bist mit deinem Weg, dann ist das der richtige für dich.

Wahrscheinlich habe ich bei meinen Nachbarn nicht immer den besten Ruf, weil ich ein totaler Lebensmensch bin. Ich bin lebensfroh und liebe große Feste. Du hörst uns auch hin und wieder im Haus schreien. Wenn ich sauer bin, sage ich das meinem Sohn, aber fünf Minuten später nehme ich ihn in den Arm und küsse ihn, weil es für uns einfach wichtig ist, im Moment zu leben. Man muss auch vergeben können. Ich kann wirklich sagen: „So, jetzt ist es gut, vergessen und vergeben." Danach kommt das Thema auch nicht mehr auf den Tisch. Das ist wichtig. Wenn du immer an den Sachen festhältst, dann nagt das an dir und macht dich nicht glücklich. Lass es einfach los. Sage dir selbst: „Ich verstehe, warum wir gestritten haben und ich verzeihe dem anderen. Schluss und aus." Dasselbe mit meiner Frau. Wenn wir streiten, dann streiten wir! Ich bin kein Heiliger - nein, ich bin ein Mensch. Und zum Menschsein gehören Emotionen. Es gibt Schmerzen, Traurigkeit, Freude, Euphorie und noch so viel mehr. Diese Emotionen sind unser Antrieb. Diesen Antrieb brauchen wir, auch die Erfolgsgefühle.

DIE NÄCHSTE STUFE

Mit der Energie in meinem neuen Büro komme ich in eine ganz andere Dimension - und ich spüre das. Auf einmal spreche ich nicht mehr über Aufträge von zwei oder drei Millionen. Ich hatte erst diesen Sonntag eine Sitzung und da sprachen wir von mehrstelligen Millionenbeträgen. Auf einmal komme ich in eine ganz andere Liga. Ob der Auftrag etwas wird, weiß ich noch nicht, aber immerhin stehen die Verhandlungen im Raum. Das hat mit meinem Denken zu tun. Ich will wachsen und noch größer spielen. Dazu setze ich meinem Horizont einfach keine Grenzen nach oben. Ich will zur Top-Liga gehören, etwas schaffen und ein Antrieb werden für andere.

Beschränke deinen Horizont nicht mehr. Deine Möglichkeiten sind viel größer! Du setzt dir in deinem eigenen Kopf oft diese Grenzen, oder irgendjemand hat dir die Grenzen gesetzt. Vielleicht bist du früher gehänselt worden oder hast andere schlimme Dinge erlebt. Das ist aber vorbei. Lass es los! Es ist Vergangenheit. Schau lieber in die Zukunft. Du kannst jetzt mit deinem Leben machen, was du entscheidest.

Was willst du in deinem Leben werden? Was wäre dein größter Wunsch? Wenn du dir vorstellst: Vielleicht möchte ich mit 50 eine Villa auf Mallorca haben und am Pool liegen, dann mach das doch! Wer verbietet dir, so eine Vision zu haben? Mach es! Eröffne dir diese Vision und fang an, sie zu leben. Lebe sie in deinen Träumen, aber nicht nur in der Nacht, sondern auch tagsüber. Arbeite ganz bewusst daran.

DAS LEBEN IST DAS GLEIS, ABER DIE WEICHEN SETZT DU!

Manche Leute sagen: „Du bist, wie du bist. Das kannst du nicht ändern." Ich sehe das anders. Um ehrlich zu sein, arbeite ich tagtäglich an mir. Ich habe ein Bild von mir, wie ich werden will. Jeden Tag beschäftige ich mich mit dieser Vision, lerne etwas dazu und entwickle mich weiter. Vor allem musst du aber lernen, mit deiner Angst umzugehen, denn wenn du deine Visionen mit Angst füllst, kannst du sie nicht verwirklichen. Mach es trotzdem! Geh große Schritte und traue dich etwas! Ich bin die schöpferische Kraft in meinem Leben. Und nicht nur ich, sondern jeder Mensch ist das in seinem Leben. Nur wissen das die meisten gar nicht. Sie denken: „Oh, das passiert mir jetzt und ich kann nichts dagegen tun."

Jeden Tag sage ich: „Ich lebe im Hier und Jetzt. Ich kann meine Zukunft beeinflussen." Ich nehme mir gewisse Sachen heraus - und das finden nicht alle gut, aber ich habe so lange und so viel immer das gemacht, was andere wollten. Das macht dich auf Dauer nicht glücklich. Du musst wirklich deinen eigenen Weg gehen und die Dinge auf deine Art machen.

Heute war ich bei einem Hausverkauf. Zuerst kaufte ich ein Haus, war dann beim Notar und danach musste ich ein weiteres Haus besichtigen. Dort kam ich mit dem Lamborghini vorgefahren. So etwas macht man eigentlich nicht. Es gibt ja bestimmte Geschäftsregeln, und man soll sich immer so und so verhalten und bloß nicht angeben. Das war mir aber scheißegal, denn das bin ich. Ich verstelle mich nicht mehr. Klar wäre ich auch mit dem Range Rover gekommen, aber der war im Service. Was ich damit sagen möchte: Heute habe ich keine Angst mehr, irgendetwas zu verbergen.

Ich habe einen Freund, der meint: „Ja, weißt du, ich kann nicht mit meinem Autocabriolet dahinfahren. Meine Kunden würden mir gleich den Auftrag entziehen." Aber warum muss er sich denn verstellen? Wenn du das nächste Mal mit einem Helikopter einfliegst, dann sage ich: „Geil! Super, gut hast du das gemacht!" Das hat aber nichts mit den Preisverhandlungen zu tun. Wenn ein Kunde dir einen Auftrag gibt und er findet, dass das Preis-Leistungsverhältnis nicht stimmt, ist es doch egal, was der andere für ein Auto hat. Viele Leute wollen nicht sagen, was sie verdienen oder nicht zeigen, wenn es ihnen gut geht. Das ist doch Quatsch! Wenn es dir gut geht, dann freue ich mich! So sollte es doch sei.

Vielleicht kennst du diesen Spruch: „Den Neid musst du dir erarbeiten und das Mitleid wird dir geschenkt." So ist das leider. Es ist ja nicht grundlos so, dass die Leute neidisch sind. Das kommt daher, dass du etwas auf die Beine gestellt hast. Das ist doch toll! Neid heißt einfach nur, dass die Leute gerne dasselbe hätten wie du. Dafür muss man seinen Hintern aus dem Sessel schwingen und etwas tun.

Wenn mir ein Kollege ein Haus verkauft, dann verdient er natürlich auch daran. Es ist mir egal, wie viel das ist! Er macht Gewinn, ich mache Gewinn. Es muss für alle Beteiligten gut sein. Deshalb will ich nur noch Leute um mich herumhaben, die ich weiterbringen kann, und die mich weiterbringen.

Also, das war so weit die turbulente Geschichte meines Lebens. Ich hoffe, dass du beim Lesen Spaß hattest und dich dieses Buch ermutigt, deinen eigenen Weg zu gehen!

Im neunten Kapitel habe ich dir einige Coaching-Tipps zusammengestellt, wie du langfristig erfolgreich wirst.

Viel Glück, du schaffst das!

9. TIPPS, WIE DU DEIN LEBEN AUF ERFOLGSKURS BRINGST

LERNE DICH SELBER KENNEN

Wenn du dein Leben verändern willst, dann solltest du vor allem dich selbst kennen lernen. Wie bist du? Was brauchst du, um glücklich zu sein? Für was springst du morgens motiviert aus dem Bett?

In einer Verkaufsschulung habe ich einmal gelernt, dass es vier Typen von Menschen gibt:

> 1) Der Buchhalter. Der Buchhalter hat die Zahlen im Blick, liebt Listen, Planung und Kalkulationen. Sicher kennst du solche Typen: Sie sind die Erbsenzähler in jedem Geschäft und lieben Listen und Pläne. Nur jemand, der nichts von Geschäften versteht, wird so jemanden belächeln, denn tatsächlich sind es diese Menschen, die die Zahlen im Blick haben und Alarm schlagen, wenn es brenzlig wird.

2) Der Verkäufer. Der Verkäufer liebt es, zu reden und zu kommunizieren. Sie sind die perfekten Leute, um Werbung für dein Unternehmen zu machen, denn sie tragen Informationen ganz mühelos weiter und können stundenlang verhandeln. Genial, wenn so jemand bei dir in der Marketingabteilung, am Telefonhörer oder vor der Kamera sitzt. Ich habe auch einen sehr großen Anteil Verkäufer in mir. Deshalb hat es mit den Cold-Calls immer ziemlich gut geklappt.

3) Der Professor. Der Professor hat neue Ideen und entwickelt sie. Typisch ist das Bild vom zerstreuten und etwas ängstlichen Professor oder Erfinder, der es nicht schafft, eine Kaffeemaschine zu bedienen, aber so nebenbei die Relativitätstheorie erfindet.

4) Der Macher. Der Macher, klar, der liebt das Machen. Dreimal darfst du raten, wer dieses Buch geschrieben hat. Genau! Ich bin ein totaler Macher. Den Machern juckt es gleich in den Fingern, wenn sie von einer guten Idee hören: Lass uns diese sofort umsetzen! Die Macher lassen Taten sprechen und sind damit sehr erfolgreich.

Letztlich benötigt man aber Anteile von allen vier Typen in sich, um erfolgreich zu sein. Analysiere dich einmal selbst: Bei welchem der vier Typen musstest du schmunzeln oder bist unruhig geworden? Ziemlich sicher war das der Typ Mensch, von dem du am meisten in dir selbst hast. Schaue anschließend, welcher

Typ dir total fremd und merkwürdig vorkommt. Das ist der Typ, den du vermutlich am meisten entwickeln musst.

Frag dich einfach immer wieder, in welcher Situation du dich am wohlsten fühlst: beim Planen der Zahlen und Listen, beim Reden und Telefonieren, beim Träumen und Sammeln von Ideen oder beim Machen? Fakt ist jedenfalls: Je besser du dich kennst, desto erfolgreicher wirst du werden. Dafür benötigst du auch das Feedback von außen. Such dir Coaches, Trainer und Vertraute, die dir ehrlich und neutral sagen, was du noch verbessern kannst. Stell dir Spitzensportler wie den Boxer Mohamed Ali vor: Er hätte niemals so gut werden können, wenn er nicht einen Trainer gehabt hätte, der ihm seine Stärken und Schwächen aufzeigt. Ein wirklicher Champion kennt diese genau und nutzt sie für sich. Finde also so viel wie möglich über dich heraus:

Wie arbeitest du am besten?

Was motiviert dich am meisten?

Wofür lässt du alles liegen und stehen?

Wie kannst du deine beste Version von dir selbst werden?

Manche Menschen tun alles für ihre Familie, ihren Partner und ihre Kinder. Andere wollen vor allem berühmt werden oder viel Geld verdienen. Und wieder andere lieben einfach das Gefühl, zu gewinnen. Was ist es bei dir? Wenn du das herausfindest, dann hast du den Schlüssel zu deinem Lamborghini-Motor gefunden.

SEI GROSSZÜGIG

Es heißt: „Das letzte Hemd hat keine Taschen." Wir können sowieso kein Geld und keine Wertsachen mitnehmen, wenn wir sterben. Deshalb nutze dein Geld und sitze nicht darauf herum. Lass es für dich arbeiten und genieße es auch! Wenn ich morgen sterben würde, bereute ich keine Sekunde in diesem Leben. Ich will am Ende nicht auf dem Sterbebett liegen und denken: „Hätte ich doch…" oder „Wenn ich doch nur…". Das bringt dir in dem Moment herzlich wenig. Lebe heute so, dass du morgen auf ein erfülltes Leben zurückblicken kannst.

GÖNN DIR DEN ERFOLG

Leider sind wir selbst unser größter Feind. Wir selbst stellen uns immer wieder ein Bein und vermasseln uns alles. Du musst lernen, dich in diesen Situationen zu ertappen. Einmal pro Woche reicht das nicht aus. Das musst du täglich, stündlich, minütlich machen - und das geht nur mit Selbstdisziplin.

Unser Verstand kommt uns die ganze Zeit mit negativen Gedanken daher. Ich lese keine Zeitung und schaue keine Nachrichten. Dort gibt es nur negative Berichte. Oder wann hast du das letzte Mal eine positive Nachricht in den Medien gehört? Offenbar lästern die meisten lieber über andere, als ihnen zu applaudieren. Deshalb sind unsere Medien auch so negativ, wie sie sind.

Nach einer Studie werden negative Nachrichten gut zehnmal verbreitet, positive nur dreimal. Leider haben wir uns in unserer Gesellschaft daran gewöhnt, den Fehler beim anderen zu suchen. Mach das nicht mit! Negativer Klatsch und Tratsch bringt nichts Gutes, sondern zieht dich nur auf ein Niveau herunter, auf dem Neid und Missgunst regieren.

Man sagt ja nicht umsonst: „Eher sieht man den Splitter im fremden Auge als den Balken im eigenen." Da ist schon etwas dran. Also, mein Tipp ist immer: Fang bei dir an. Mach es besser und schau nicht so sehr auf die anderen. Das wird dich viel weiterbringen und macht auch mehr Spaß!

Es ist völlig okay, dass es dir gut geht, und wenn es dir gut geht, kannst du auch anderen helfen, weiter zu kommen. Es bringt niemandem etwas, wenn es dir miserabel geht. Es hilft auch niemandem etwas. Wirf also die falsche Bescheidenheit über Board und gönn dir von Herzen den Erfolg, denn dann gönnst du ihn auch anderen Menschen!

MACH DIR DIE GEWOHNHEIT ZUM FREUND

Wenn du dich daran gewöhnst, um 5.00 Uhr aufzustehen, ist es irgendwann nicht mehr schwierig. Wenn du dich daran gewöhnst, jeden Tag Sport zu machen, kostet es dich nicht mehr so viel Überwindung. Dennoch müssen wir jeden Tag immer wieder die Entscheidung treffen: „Ich mache das jetzt. Ich ziehe das durch." Bald merkst du: Wenn du es eine Woche nicht machst, fehlt dir etwas. Es wird dir guttun, und du wirst ziemlich schnell die ersten Erfolgsgefühle verspüren, die dir Antrieb geben, um dich noch mehr zu steigern.

Der Mensch an sich ist faul. Wenn du dir also nichts vornimmst und nicht regelmäßig höhere Ziele steckst, wird gar nichts passieren. Unser Körper würde am liebsten nur auf dem Sofa herumlümmeln, wenn wir ihn lassen. Es ist dein Geist, der hier das Sagen hat. Mit diesem kannst du wirklich alles erreichen, was du dir vornimmst. Das beste Beispiel sind hier meine täglichen eiskalten Duschen. Sie kosten mich zwar Überwindung, aber es macht mich auch topfit und stärkt meinen Willen.

Wenn du etwas immer wieder tust, wird es nach und nach leichter. Es ist wie beim Muskeltraining. Nur der Anfang kostet viel Energie. Danach gewöhnt sich dein Körper daran und es geht deutlich leichter. Wenn du jedoch eine längere Pause machst, wird es wieder eine größere Anstrengung kosten. Deshalb unterbrechen sehr erfolgreiche Menschen ihre Routine fast nie. Sie wissen, dass sie so am wenigsten Kraft aufwenden müssen.

Manche Leute sind ja die ganze Woche zu faul für Sport und hetzen drei- bis fünfmal im Jahr ein paar Stunden mit dem Fahrrad durch die Gegend. Das ist doch viel anstrengender und auch nicht sonderlich gut für dein Herz! Mach dir lieber die Gewohnheit zum Freund. Die tägliche Disziplin wird dich viel weniger Überwindung kosten, und du überforderst dich auch nicht.

UMGIB DICH MIT POSITIVEN MENSCHEN

Klar, wenn du den ganzen Tag nur mit Menschen zu tun hast, die ein langes Gesicht ziehen und nichts von dir – und auch nichts von sich selbst - halten, ist es für dich deutlich schwerer, dein Leben zu verändern. Such dir Menschen, die dich wirklich unterstützen und nicht herunterziehen wollen. Gerade, wenn du vielleicht viele Fehler gemacht hast, musst du jetzt doppelt darauf achten, dass du um dich herum gute Einflüsse sammelst – ganz nach dem Spruch: „Zeig mir deinen Freund und ich sag' dir, wer du bist." Da ist schon etwas dran.

In meiner Drogenzeit hatte ich einfach lauter Kumpels, die auch auf Drogen waren oder gedealt haben. Mit ihnen hatte ich nach der Therapie gar nichts mehr zu tun. Wir hätten uns danach nur wieder gegenseitig heruntergezogen.

Schau dir einmal erfolgreiche Menschen an und du wirst sehen: Sie umgeben sich auch mit erfolgreichen Menschen. Menschen, die dir sympathisch sind, haben vermutlich auch Freunde, die dir sympathisch sind. Umgekehrt ist es genauso: Wenn jemand dir nicht geheuer ist, dann schau dir die Leute in seiner Umgebung an. Wenn jemand immer schlecht gelaunt ist, zieht er auch solche Leute an. Deshalb: Wenn du etwas in deinem Leben ändern willst, schau genau, wer dich umgibt.

Es gibt leider nicht nur gute Menschen, sondern auch solche, die dir den Erfolg nicht gönnen, weil sie vielleicht ihre Träume längst aufgegeben haben. Distanzier dich von solchen Menschen und such die Gesellschaft von denen, die dich motivieren und die nur das Beste wünschen. Wahre Freunde und wohlwollende Menschen werden immer das Beste in dir sehen. Meine Familie hat damals, in meiner schlimmsten Drogenzeit, auch zu mir gehalten, weil sie immer gesehen haben, wer ich eigentlich bin. Solche Menschen bereichern dein Leben und feiern deine Erfolge mit dir. Sie sind die wahren Schätze in deinem Leben. Behandle sie gut!

SEI DEINE BESTMÖGLICHSTE VERSION

Sagen wir: Jedes Auto wäre gerne ein Rennwagen, aber dafür braucht es etwas. Das sind einfach Top-Fahrzeuge. Die bestmöglichste Version eines Autos. Ich habe beschlossen, auch meine bestmöglichste Version zu werden. Klar, kein Mensch ist perfekt, und wir machen alle Fehler, aber die Art, wie du mit deinen Fehlern umgehst, zeigt, ob du ein Bagger oder ein Lamborghini bist.

Wenn du einen Fehler machst, dann kannst du das zugeben und sagen: „Ich hab' Scheiße gebaut. Tut mir leid. Jetzt mach ich's besser!" Gewöhn dir einfach eine positive Haltung an. Egal, was kommt. Wenn es hart auf hart kommt, lockere ich meine Mitarbeiter trotzdem mit einem Witz auf oder ich lobe sie für ihren Einsatz. So arbeiten die Menschen gerne für einen, und man selbst fühlt sich gut dabei.

Versuche dir einmal vorzustellen, was deine bestmöglichste Version wäre. Erinnere dich jeden Tag daran, gerade auch in schwierigen Momenten. Du wirst staunen, wie sehr du über dich hinauswachsen kannst. Wir sind alle von Natur aus eher träge. Deshalb ist mir auch die Selbstdisziplin so wichtig. Schau, welche Dinge dich besonders viel kosten und dann trainiere dich, genau diese Dinge zu tun. Egal, was es ist: Pünktlichkeit, frühes Aufstehen, Dinge bis zum Ende durchziehen, Sport machen, abnehmen, und, und, und.

Nimm dir etwas für eine gewisse Zeit vor, zum Beispiel jeden Tag 50 Sit-ups, und das acht Wochen lang. Du wirst merken, welche Power es dir gibt, die Dinge durchzuziehen, die du dir vorgenommen. Schließlich ist es ja so, dass du dir selbst gegenüber das Wort brechen würdest, wenn du die Dinge nicht durchziehst. Das fühlt sich schlecht an, und ist auch nicht gut für dein Selbstvertrauen.

Du solltest dich auf dich selbst verlassen können. In harten Zeiten bist du der einzige Mensch, dem du wirklich vertrauen und auf den du bauen kannst. Also, sei zuverlässig! Gib dir selbst das Gefühl, dass du auf dich bauen kannst – komme, was wolle! Ganz ehrlich: Keine Versicherung und kein Geld der Welt kann dir diese Selbstsicherheit geben. Nur du selbst weißt: „Das bin ich, das kann ich und das tue ich. Ich kann mich 100 Prozent auf mich verlassen und wenn ich mir etwas vornehme, dann ziehe ich das auch durch." So ist das, wenn du deine bestmöglichste Person bist. Du wirst zu deinem eigenen Superhelden und schaffst so irgendwann das Unmögliche.

SORGE FÜR DEIN WOHLBEFINDEN

Wenn du viel von dir verlangst, musst du dir auch viel geben: gutes Essen, genug Schlaf und eine gute Arbeitsatmosphäre. Ich habe zum Beispiel in meinem ganzen Haus ein Musiksystem – vom Schlafzimmer über das Bad, die Ankleide und das Büro bis hin zur Garage. Ich höre Klassik, Schlager und Bachata, je nach Stimmung. Das macht sofort gute Laune, ich entspanne mich und habe Lust, mein Bestes zu geben.

Morgens absolviere ich meine tägliche Routine, mit Fitness angefangen bis hin zum kalten Duschen. Tagsüber esse ich gut, gesund und lecker. Mein Büro habe ich so eingerichtet, dass es mir Vergnügen macht, dort zu sein. Ich mag die coole Beleuchtung und das Design der Möbel. Zudem schaue ich auch, dass ich genug Schlaf bekomme.

Mein großes Ziel war es auch, im Jahr 12 Wochen Urlaub zu machen. Das schaffe ich jetzt schon seit drei Jahren. Meine Familie und ich machen regelmäßig Urlaub, tanken Sonne und haben Spaß zusammen. Das ist auch wirklich wichtig! Wozu arbeitest du denn, wenn du es nicht genießen kannst? Wozu verdienst du das ganze Geld, wenn du es nicht dafür nutzt, ein gutes Leben mit deinen Lieben zu führen?

Frag dich also: Welche Umgebung brauche ich, um wirklich gute Laune zu haben? Welche Nahrung tut mir gut? Wie viel Schlaf brauche ich? Mache ich genug Sport, um fit zu sein? Wie sieht es mit meinen Beziehungen aus? Habe ich eine Partnerschaft, die mich erfüllt und mir Kraft gibt? Habe ich Freunde, die mich motivieren und unterstützen? Was brauche ich, um wirklich in Topform zu sein?

SETZE DIR ZIELE UND ERREICHE SIE

Ohne Ziele bist du wie ein Autofahrer, der einfach nur herumfährt und Sprit verbraucht. Ich stelle mir das so vor: Du gibst dein Ziel in dein Navigationsgerät ein und schon weißt du, wo es hingeht. So ist es auch mit den Zielen im Leben und im Geschäft. Ich wollte mir zum Beispiel einen Lamorghini Hurracan kaufen. Ein Kollege hatte gerade fünf Stück davon bestellt und ich dachte nur: „Ich will auch so einen." Ich schrieb ihn auf meine Zehn-Ziele-Liste. Ich arbeitete wie wild und überlegte, wo ich das Geld herbekommen könnte. Dann habe ich einem anderen Freund davon erzählt und er schrieb im Spaß zurück: „Du kannst ja meinen Aventador haben." Ich dachte nur: „Aventador, du bist ja wahnsinnig. Das ist mir eine Nummer zu groß." Der Aventador, das ist das Mutterschiff von allen Lamborghinis, also die „High Class". Er hat fast 800 PS und fährt knapp 350 km/h. Von null auf hundert in 2,8 Sekunden, also ein echtes Auto zum Vollgasgeben. Ich wusste: Ich will dieses Auto. Deshalb habe ich statt dem Huracan den Aventador auf die Liste geschrieben. In nur wenigen Monaten hat es geklappt. So ist das, wenn man sich Ziele steckt: Auf einmal kommt das Geld von irgendwo her. Du machst einen größeren Abschluss oder einfach mehr Gewinn. Heute steht der Aventador in meinem Büro. Ich schaue ihn mir jeden Tag an und freue mich einfach darüber.

Jetzt überleg einmal: Welche Dinge motivieren dich, sodass du jeden Tag Lust hast, weiterzumachen? Was gibt dir den Kick, um dich richtig ins Zeug zu legen?

NUTZE DIE POWER DEINER GEDANKEN

Jetzt kommen wir zu einem ganz wichtigen Punkt: die Power deiner Gedanken. Was meine ich damit? Es ist eigentlich ganz einfach: Wenn du ein Ziel hast, musst du alle Hebel in Bewegung setzen, damit du es erreichst. Klar! Aber viele Leute vergessen dabei einen ganz wichtigen Punkt:

> Das, was du denkst, das erfüllt sich.

Es ist wirklich so und man kann sogar messen, welchen Einfluss die Gedanken auf uns haben. Sie sind elektrische Impulse, und diese beeinflussen wiederum elektrische und chemische

Prozesse in unserem Gehirn. Ganz einfach. Obwohl wir unsere Gedanken nicht direkt sehen können, haben sie so eine direkte Wirkung auf unser Leben.

Wenn wir Dinge immer wieder hören, dann speichern wir sie in unserem Unterbewusstsein ab. So steuern diese – positiven oder negativen – Denkmuster unser Fühlen, Denken und Handeln, ohne dass wir uns dessen bewusst sind. Vielleicht erwischst du dich auch selbst öfter dabei, wie du denkst: „Das klappt doch eh nicht!" Für dich ist es nur ein Satz, aber dieser eine Gedanke richtet großen Schaden in deinem Leben an. Er entmutigt dich, wenn du gerade euphorisch bist und nimmt dir den Ansporn, etwas Neues zu wagen.

Deshalb ist es so wichtig, deine Gedanken durch positive Sätze zu trainieren. Mach das jeden Tag. Lies oder sag sie laut vor dich her. Die Hauptsache ist, dass du jeden Tag daran arbeitest. Und höre nie damit auf. Egal, wie erfolgreich du wirst und wie positiv du denkst, trainiere deine Gedanken trotzdem weiter.

KONZENTRIERE DICH AUF DEINE WÜNSCHE

Eine kleine Anekdote dazu: Ich war mit meiner Schwester Tanja im Auto unterwegs. Wir waren damals so Mitte 20 und fuhren in die Stadt. Dort gab es immer Parkplatzprobleme. Sie meinte: „Jetzt konzentrier' dich darauf, dass wir einen Parkplatz in der Nähe von unserem Zielort finden." Seit jenem Zeitpunkt haben wir das immer so gemacht, wenn wir in die Stadt fuhren - und es klappte jedes Mal!

Versuch dich zuerst an superkleinen Dingen. Nach und nach

wirst du sehen, dass das auch bei großen Wünschen so funktioniert. Du kannst den Wunsch natürlich nicht drei Minuten oder 30 Sekunden bevor du ankommst abschicken. Du musst dem Universum auch Zeit geben, um das alles zu verwirklichen.

Das Allerwichtigste dabei ist: Zweifle nicht daran. Du kannst dir nicht etwas wünschen und denken: „Na, es geht sowieso nicht in Erfüllung." Ein Satz aus der Bibel beschreibt das ganz genau: „Glauben versetzt Berge." So sehe ich das auch. Wenn du glaubst, erreichst du es auch, glaubst du nicht daran, wirst du es niemals erreichen. Da ist es dann ausnahmsweise gut, stur zu sein. Fokussiere dich nur auf dein Ziel und lass dich von nichts ablenken oder abbringen.

Eines kann ich dir versichern: Je größer deine Ziele sind, desto mehr wirst du daran glauben müssen. Viele Leute werden zweifeln oder versuchen, es dir auszureden. Egal! Klapp die Ohren zu und mach weiter. Mach jeden Tag etwas für dein Ziel, denn so ist es ganz logisch, dass du irgendwann dort ankommst. Und je öfter und mehr du für dein Ziel tust, desto schneller wird es gehen.

> Die Welt ist das, was du über sie denkst, und du bist das, was du von dir selbst denkst.

STÄRKE DEIN SELBSTBEWUSSTSEIN

Um deine Ziele erreichen zu können, musst du dein Selbstbewusstsein stärken. Umgekehrt wird dein Selbstbewusstsein automatisch wachsen, je mehr Ziele du erreichst.

Ich war ja wirklich ganz unten, hatte richtig viel Mist gebaut und habe mich miserabel gefühlt, insbesondere wenn ich immer rückfällig wurde. Das hat schon an meinem Selbstbewusstsein genagt. Der erste Schritt war die Therapie. Da habe ich ganz klar für mich entschieden: „Ich ändere das jetzt. Ich will nicht mehr so weitermachen." Allein dieser Entschluss hat schon mein Selbstbewusstsein gestärkt. Zudem konnte ich feststellen, dass es mir total Freude bereitet, etwas für andere zu tun, weshalb ich immer für alle Holz hackte.

Das Holzhaken selbst war super: Diese einfachen körperlichen Arbeiten zeigen dir, was du für eine Kraft hast und was du damit bewirken kannst. Das Schönste daran ist, dass du immer sofort den Erfolg siehst, und die Erfolgsgefühle dein Selbstbewusstsein stärken. Suche dir deshalb neben den großen Zielen auch ein paar kleine aus, die du jeden Tag leicht erreichen kannst. Du wirst sehen: Das ist wie ein Schulterklopfer oder ein tägliches Lob.

Lobe dich auch regelmäßig selbst. Es gibt ja so blöde Sprüche: „Eigenlob stinkt." Das halte ich aber für Quatsch. Sich zu loben ist sehr wichtig, vor allem wenn du gerade in einer schwierigen Situation steckst und dein Selbstbewusstsein im Keller ist. Es geht ja nicht darum, arrogant zu werden. Ein ehrliches Lob reicht aus, so wie du es auch zu deinen Kindern sagen würdest. Dazu kannst du auch super ein Tagebuch nutzen. Schreib dir einfach jeden Tag auf, was du alles geschafft hast: „Hof gefegt, eine Bewerbung verschickt, 50 Liegestützen gemacht, einem Freund geholfen, das Auto zu reparieren".

Du wirst sehen, was das bei dir für eine Wirkung hat. Aus der

Schule kennen wir ja oft nur, dass es Tadel gibt, wenn etwas nicht gut war, aber einfach einmal Lob aussprechen, das müssen wir uns erst angewöhnen.

TRAINIERE DEINE WILLENSKRAFT

Bei mir ist das so: Wenn ich etwas will, gibt es nichts mehr zu rütteln. Ich ziehe es durch, bis ich mein Ziel erreicht habe. Meine Willenskraft ist heute sehr stark, aber das war auch nicht immer so.

Der erste Schritt war für mich damals, zu entscheiden, dass ich clean werde. Klar, war das hart. Der Entzug war wirklich ein Horrortrip, aber ich wusste: Ich will ein anderes Leben. Ich will Erfolg und Geld. Dafür lohnt es sich, die Zähne zusammen zu beißen und alles zu geben.

Ich suche mir jeden Tag etwas, was mich Überwindung kostet und denke mir einfach nur: „Ich kann das. Ich kann alles, was ich will."

Ich habe schon die verrücktesten Dinge getan, um einen Auftrag zu bekommen. Am Anfang hatte ich wirklich Schiss vor diesen Anrufen bei der Kaltakquise, aber dann habe ich es durchgezogen, und mein Geschäft ging bergauf. Heute bin ich da sehr spezifisch geworden. Ich weiß gleich, ob etwas interessant ist oder eben nicht. Wenn ein Auftrag interessant ist, dann gebe ich dafür alles.

Im Januar suchte ich zum Beispiel nach Häusern im Internet. Dort habe ich ein Einfamilienhaus gesehen. Das passte genau in mein Schema. Ich dachte: „Wo steht das Haus? Das muss ich kaufen!" Ich habe direkt den Vermieter angerufen. Dieser sagte mir: „Die Maklerin zeigt gerade das Objekt." Meine Reaktion: „Scheiße, ich hab' doch keine Zeit. Ich hab' einen anderen Termin."

Der Vermieter sagte noch: „Wenn sie jetzt losfahren, können Sie die Maklerin vielleicht noch erwischen. Es sind ziemlich viele Anrufe hereingekommen und das Interesse an dem Haus ist sehr hoch." Da habe ich gedacht: „Egal, komm, sag den anderen Termin ab und fahr hin."

Als ich ankam, fuhr die Maklerin schon weg, also habe ich gehupt. Sie sah mich überrascht an. Ich habe noch einmal gehupt und gewunken. Dann machte ich das Fenster auf und rief: „Bitte warten Sie!" Sie fuhr wirklich zurück. Ich erzählte ihr, dass ich das Haus unbedingt sehen muss und dass ich fest daran interessiert bin. Sie meinte nur: „Ja, okay, sie sind der Sechste. Fünf haben das Haus schon angeschaut und alle fünf wollen es."

Ich ließ nicht locker: „Ja, aber ich will es!" Sie zuckte mit den Schultern: „Das hat jeder von den anderen auch gesagt." Dennoch zeigte sie mir das Haus. Ich war fünf Minuten drin, da wusste ich schon: „Es ist super!"

Ich fragte sie: „Was muss ich machen? Ich will das Haus." „Sie müssen dasselbe machen wie alle anderen. Sie müssen mir den Eigenmittelnachweis erbringen, dass sie das Geld auf dem Konto haben, um diese Liegenschaft zu kaufen." Ich bin ziemlich erschrocken, habe es mir aber nicht anmerken lassen. Das war schon das erste Problem: Ich musste 100.000 Franken auf dem

Konto haben, jedoch hatte ich diese Summe nicht. Ich wusste aber, dass ich in den nächsten sieben Tagen eine Zahlung von 600.000 Franken bekäme, weshalb ich hoch pokerte: „Okay, kein Problem. Das kriege ich hin. Was brauchen Sie noch?" „Einen Betreibungsauszug und eine Bankfinanzierungsbestätigung."

Das hieß, dass ich das ganze Projekt auch der Bank erklären musste. Das war eine Aufgabe, die mindestens eine Woche dauern würde. Im Anschluss daran fuhr ich nach Hause und stellte fest: Ich hatte „zufällig" 230.000 auf einem anderen Konto, und schob sie auf das Kauf-Konto. So ist das ja oft: Wenn etwas für dich bestimmt ist, ist auch plötzlich das Geld dazu da.

Ich schickte ihr sofort eine Kopie meines Kontostands. Das Geld sollte am nächsten Tag herausgehen. Ich musste Rechnungen damit bezahlen, aber heute hatte ich es. Deshalb schrieb ich der Maklerin: „Sehen Sie, ich habe das Geld. Schicken Sie mir bitte den Reservationsvertrag. Ich bezahle Ihnen 25.000 an." Sie blieb dabei: „Nein, ich brauch' noch die Bankbestätigung. Vorher geht gar nichts. Außerdem sind gerade private Käufer hier. Die Eigentümer möchten das Haus nicht an eine Immobilienfirma verkaufen." Ich antwortete: „Das können Sie mir jetzt nicht antun. Ich will das Haus!" „Ja, aber die Käufer haben 30.000 mehr geboten als Sie." So kam es, dass ich noch einmal mehr bat. Das ging eine Weile hin und her, bis ich den Zuschlag erhielt. Ich musste das Haus einfach haben. Eine Woche später verkaufte ich das Haus für 300.000 Franken mehr weiter. Mein Bauchgefühl lag also richtig. Das ist nur eine kleine Geschichte, wie du mit Willenskraft wirklich alles erreichen kannst – auch wenn alle sagen: „Es geht nicht!"

DENKE GROSS

Es lohnt sich einfach immer, groß zu denken. Viele Leute trauen sich gar nicht, sich so etwas vorzustellen, aber da fängt es schon an. Wenn du es dir vorstellen kannst, kannst du es auch schaffen. Übe das so oft, wie du kannst: Stell dir vor, wie du dein Ziel schon erreicht hast und frag dich, wie sich das anfühlen würde. Für mich sind große Ziele viel motivierender als kleine. Mein nächster Traum ist eine Yacht. Weißt du, was das kostet? Aber das ist mir egal! Ich sehe mich schon auf der Yacht, und meine Frau neben mir. Wir sind total glücklich, die Sonne scheint und wir fahren über das Meer. Das ist mein Traum, und ich träume ihn so oft, wie ich kann, und ich weiß, es ist nur eine Frage der Zeit, bis der Traum von der Yacht zur Wirklichkeit wird.

Das Beste daran ist: Träume werden meistens noch übertroffen. So war es eigentlich immer bei mir. Auf meiner Zehn-Ziele-Liste stand auch „mein eigenes Haus". Jetzt habe ich dreimal so viel Platz, wie ich es mir gewünscht hatte. Wir haben fast 500 Quadratmeter Nutzfläche mit Garage.

DAS UNIVERSUM IST PRÄZISE BEI DER WUNSCHERFÜLLUNG

Es ist schon so: Was du dir wünschst, das wirst du bekommen - im Guten wie im Schlechten. Deshalb solltest du wirklich auf deine Gedanken aufpassen, denn sie bewahrheiten sich. Ich wünsche zum Beispiel niemandem etwas Schlechtes. Meine Gedanken sind auf positive Dinge fokussiert, die ich für mich, meine Familie, Freunde, Kollegen und Mitarbeiter erreichen will.

Wenn du sagst: „Ich möchte halt irgendein Auto", dann bekommst du es auch. Das ist reiner Zufall – wie beim Lottospielen. Oder du sagst: „Ich will genau das Auto, das Modell, die Farbe." Du klebst es dir als Foto an deinen Schreibtisch und schreibst es dir auf die Zehn-Ziele-Liste. Dann wirst du erstaunt sein, wie genau sich deine Wünsche erfüllen. Meistens kommt es dann sogar noch besser. Du bekommst nicht nur genau dein Auto, sondern noch eine super Innenausstattung dazu.

Trau dich, groß zu denken. So lenkst du deine Gedanken ganz bewusst dahin, wo du sie haben willst. Ich habe schon die verrücktesten Dinge erlebt, wenn ich mir etwas gewünscht habe. Irgendwie hat es immer geklappt. Manchmal dauert es etwas länger, manchmal geht es ganz schnell so wie bei dem Parkplatz, den du dir wünschst.

AFFIRMATIONEN

Affirmationen sind Sätze, die du positiv formulierst und die dir Kraft geben. Du kannst zum Beispiel jeden Tag denken, sagen oder aufschreiben: „Ich habe Erfolg." Noch stärker ist der Satz: „Ich bin Erfolg." Eine andere Affirmation, die ich sehr wichtig finde, heißt: „Ich gebe niemals auf."

Als ich vor Kurzem ein Haus für meine Familie bauen ließ, habe ich überall positive Sätze an die Wand schreiben lassen. Das macht einfach etwas mit dir, wenn du jeden Tag solche Sätze siehst. Das gibt meiner Familie und mir Ansporn – und auch den Menschen, die uns besuchen. Ich habe ebenso meine Hochs und Tiefs – wie jeder andere Mensch. Diese Sätze erinnern mich jeden Tag an das, was ich schon erreicht habe und an das, was ich vorhabe. Ich weiß dann wieder, dass ich alles im Leben erreichen kann, wenn ich es wirklich will. Erfolgreiche Menschen sind nicht besser als du, sie nutzen einfach die Kraft ihrer Gedanken und alle Möglichkeiten, die ihnen vom Universum zur Verfügung gestellt werden. So kommt man einfach viel schneller voran!

Wenn du dir diese Affirmationen jeden Tag sagst, durchliest oder denkst, dann macht es etwas mit dir.

MEINE TOP VIER DER AFFIRMATIONEN

1. Ich mache aus allem das Beste und niemand kann mir meine gute Laune verderben.

2. Ich weiß, dass ich die Menschheit nicht ändern kann. Bitte gib mir die Kraft, das zu ändern, was in meiner Macht steht.

3. Ich bin dankbar für den Reichtum in meinem Leben und ich empfange noch mehr Dankbarkeit.

4. Ich kreiere mir mit positiven Gedanken meine wunderbare Realität.

EINE GANZ BESONDERE AFFIRMATION

Ich besitze ein festes Ritual, das aus einem Satz in der Bibel stammt. Die Inspiration dazu fand ich wieder bei Norman V. Peale:

> „Dies ist der Tag, den der Herr uns gemacht, lasst uns und seiner uns freuen!" (Psalm 118,24)

Wiederhole diesen Satz mit klarer Stimme und Überzeugung. Fange schon vor dem Frühstück damit an und sage ihn dreimal laut auf. Nimm dir die Zeit und meditiere über den tieferen Sinn dieses Satzes. Du wirst sehen, wie er deinen Tag maßgebend beeinflussen wird.

Dann, nach dem Frühstück, sage laut und mit klarer Stimme: „Ich glaube, dass dies ein glücksbringender Tag ist. Alle Probleme, die auftauchen, werde ich erfolgreich meistern. Ich fühle mich körperlich und geistig wohl. Ich bin gut gelaunt und es ist schön, zu leben. Ich bin dankbar für alles, was ich habe und haben werde. Gott wird mich nicht verlassen. Er ist immer mit mir und wird mir helfen. Ich danke Gott für alles, was er gab und geben wird."

Dann sage ich mindestens zehnmal am Tag: „Ich erwarte das Beste und mit Gottes Hilfe werde ich es auch erreichen! Sommer und Winter." Der Satz „Sommer und Winter" hat für mich eine besondere Bedeutung. Der Sommer ist ein Bild für die guten Zeiten im Leben: Alles blüht, alles fließt, dir geht es gut. Es gibt aber auch immer wieder den Winter: Dieser ist düster, kalt und nebelig, es geht dir vielleicht nicht gut, du erlebst eine Krise oder einen Engpass. Mit diesem Satz erinnere ich mich daran: Egal, ob ich mich gerade in einem guten oder schlechten Moment befinde – ob Sommer oder Winter –, ich habe immer die Möglichkeit, mein Leben zu verändern und zu verbessern. Diese Kraft ist immer in mir und in dir und jedem anderen Menschen.

AFFIRMATIONEN FÜR JEDEN TAG

Ich habe zum Beispiel in meinem Handy-Kalender auch Affirmationen eingetragen. Dort steht zum Beispiel:

„Ich habe riesigen Erfolg und finanziellen Reichtum in allen Belangen."

„Meine Firmen sind außergewöhnlich erfolgreich. Sie funktionieren sehr gut und strukturiert, auch ohne mein Dasein."

„Wir haben genug Geld und eine hohe Liquidität, sodass wir immer gesund, glücklich, zufrieden und ruhig leben können."

„Ich bin dankbar für meinen gesunden, sportlichen Körper, für meine Gesundheit und für das Wohlbefinden meiner Familie."

Du kannst dir auch kürzere Nachrichten und Affirmationen überall dort eintragen, wo du jeden Tag hinschaust. Ich schreibe mir auch manchmal ganz persönliche Nachrichten, wie zum Beispiel: „Mario, gibt nie, nie, niemals auf!!!! Du wirst alles schaffen, was du dir vornimmst!"

POSITIVE GLAUBENSSÄTZE

Ich besitze auch ein paar Glaubenssätze, die mich seit Jahren begleiten. Sie sind so stark und ermutigend, sodass ich sie sogar auf die Wände in meinem Haus habe schreiben lassen.

Warum? Weil ich mich so jeden Tag neben meinen morgendlichen Ritualen an diese Sätze erinnere. Auch meine Gäste kommen in den Genuss dieser positiven Energie, denn letztlich bestimmst du ja, mit welchen Gedanken du dein Leben und auch deinen Wohnraum füllst.

MEINE FAVORITEN UNTER DEN POSITIVEN GLAUBENSSÄTZEN:

1. Lebe deinen Traum. Denke immer positiv, tu das, was du liebst, sei leidenschaftlich, lache viel, glaube an dich, sei dankbar, folge deinem Herzen und genieße jeden Tag, denn es ist dein Leben!

2. Lebe jeden Augenblick, lache jeden Tag, liebe unendlich und glaube an dich.

3. Wenn wir fest bei unserem Glauben bleiben, kann auch das Unmöglichste geschehen.

4. Du kannst nichts Negatives denken und Positives erwarten.

5. Wenn du heute aufgibst, wirst du nie wissen, ob du es morgen geschafft hättest!

6. Kreiere die größte Vision für dein Leben, denn du wirst das, an was du glaubst.

ÄNDERE DEINE GEDANKEN UND DU ÄNDERST DEIN LEBEN

Es klingt so einfach und scheint doch so schwer zu sein, seine Gedanken zu ändern. Wir sind von klein auf daran gewöhnt, gewisse Dinge zu denken. Wir werden so erzogen, und unser Umfeld und unsere Familie denken oft genauso, aber der einzige Mensch, der für dein Leben verantwortlich ist, bist DU. Ändere deine Gedanken und du änderst dein Leben. Es braucht viel Ehrlichkeit, Mut und Disziplin, wirklich hinzuschauen, was du den lieben langen Tag so denkst. Jedoch kannst du nichts wirklich in deinem Leben ändern, wenn du nicht deine Gedanken änderst.

Als ich die Therapie machte, war ich 20 Jahre alt. In jener Zeit begann ich ganz bewusst, mit meinen Gedanken zu arbeiten. Unsere Gedanken „passieren" ja nicht einfach so. Sie sind die Samen für alles, was irgendwann einmal Realität wird. Wenn du immer „Oh, das klappt eh nicht" denkst, kannst du ziemlich sicher sein, dass es nicht klappt. Wenn du aber total davon überzeugt bist, dass etwas klappt, ist das schon die halbe Miete. Wenn du also nichts tust, wird dein Kopf vor allem Negatives von sich geben. Du musst dich trainieren, um nicht immer wieder in dieselben negativen Gedanken zu verfallen. Deshalb: Ändere deine Gedanken sofort!

ZWEIFEL SIND NEGATIVE GLAUBENSSÄTZE

Jeder Mensch trägt negative Glaubenssätze in sich. Wir bekommen sie von unserem Umfeld, in der Familie, in der Schule und einfach überall zu hören. Je öfter du einen solchen Spruch hörst – gerade von jemandem, der viel Einfluss auf dich hat –, desto stärker gräbt er sich in dein Unterbewusstsein. Auch wenn es auf den ersten Blick nicht so aussieht: Zweifel sind nichts anderes als negative Glaubenssätze. Sie wirken sich direkt darauf aus, ob du deine Wünsche erreichst oder nicht. Franckh Pierre beschreibt das sehr präzise in seinem Buch „Wünsch es dir einfach".

Wenn du zweifelst, dann glaubst du einfach nur an die Nicht-Erfüllung deines Wunsches. Das heißt: du glaubst unterbewusst daran, dass es NICHT klappt und sabotierst dich damit selbst.

Unsere Gedanken sind ständig im Einsatz. Und auch wenn wir nicht gezielt etwas glauben, dann haben wir doch eine Haltung zu einem Thema – ob wir uns dessen bewusst sind oder nicht.

Leider sind wir oft besser darin, an uns zu zweifeln, als unsere Ziele für möglich zu halten. Auch gesellschaftlich ist es sehr verbreitet, die Umstände eher negativ als positiv zu deuten.

Doch wenn du einen Wunsch hast und daran zweifelst, dann annullierst du den Wunsch damit sofort wieder. Du kannst dir also noch so viel wünschen und deine Ziele aufschreiben: wenn du zweifelst, bringt dir all das gar nichts.

Beobachte dich einmal bewusst, wenn du einen Wunsch aussprichst – kommen dann sofort Sätze wie „Das ist doch unmöglich", „In meinem Leben geht das eh nicht" oder „Das hat ja bisher auch nie geklappt"?

Wenn du dich bei solchen Gedanken erwischt, dann sage sofort laut „Ungültig!".

Angst und Zweifel wirken wie Bremsen in deinem Leben. Deswegen habe ich mir auch angewöhnt, schnelle Entscheidungen zu treffen und dann nicht mehr zurückzuschauen.

„Was ist, wenn es nicht klappt" und „Das könnte ja auch schief gehen" – diese Sätze darfst du dir jetzt auf dem Weg zum Erfolg ganz schnell abgewöhnen. Denn wenn du überzeugt bist, dass es klappt, brauchst du die Zweifel und Ängste ja gar nicht.

Oft sagen Menschen zu mir: „Das mit dem Wünschen funktioniert nicht. Ich hab' mir den Job so gewünscht, aber ich wusste eh gleich, dass es nicht klappt." Aha! Du dachtest also gleich, dass es nicht klappt. Dann weißt du ja schon, wer hier wem ein Bein gestellt hat.

Wie gesagt: Der einzige Mensch, der deinen Erfolg verhindern kann, bist du selbst! Und wie gut das Wünschen funktioniert, kannst du daran sehen, wie erfolgreich sich viele Menschen das Nicht-Erfüllen ihrer Wünsche ins Leben holen. Das kannst du auch nochmal ganz ausführlich bei Pierre Franckh nachlesen.

> „Wer nicht an den Erfolg glaubt, kann keinen Erfolg haben [...] Wir sind immer erfolgreich. Meistens mit der Erschaffung unseres Misserfolgs."
>
> *Franckh Pierre*

Erst wenn du die Zweifel aus deinem Unterbewusstsein eliminierst, wirst du richtig erfolgreich mit deinen Wünschen und positiven Glaubenssätzen durchstarten können.

DER ERSTE UND DER LETZTE GEDANKE AM TAG SIND DIE WICHTIGSTEN

Sicher kennst du das auch: Ein Film ist immer nur so gut wie sein Anfang und sein Ende. Genauso ist es mit deinem Tagesablauf. Dein erster Gedanke am Morgen bestimmt deinen ganzen Tag, dein letzter Gedanke besiegelt sozusagen deinen Tag. Achte also besonders auf den ersten und den letzten Gedanken am Tag. Überlass diese Gedanken nicht dem Zufall. Meditiere morgens direkt zu einem positiven Gedanken oder hänge dir ein paar Affirmationen direkt über dein Bett, sodass du sie gleich am Morgen sehen kannst, und auch abends, wenn du wieder zu Bett gehst.

Zusätzlich dazu kannst du beten und in dieser Form „Danke" für den vergangenen Tag sagen. Du kannst deine Wünsche für den kommenden Tag formulieren und anderen Menschen und dir selbst ganz bewusst vergeben. Du wirst staunen, was es für einen Unterschied macht. Wie oft bist du schon aufgewacht und hast den Fehler begangen, gleich deine E-Mails zu checken? Direkt entstehen irgendwelche negativen Gedanken in deinem Kopf, oder du wälzt Probleme. Das nimmt dir alle Kraft für den Tag!

Achte deshalb gerade morgens darauf, dass du dich nur auf die Dinge fokussierst, die du auch wirklich in deinem Leben willst. Lenke deine Gedanken auf deinen Reichtum im Leben und auf alles, wofür du dankbar bist. Reichtum ist ja nicht nur Geld, sondern auch Gesundheit, Fülle, Freude, gute Beziehungen und vieles mehr. So wird sich dein ganzer Tag anders entwickeln. Du startest mit einer großen Klarheit und einer positiven Haltung.

Abends kannst du mit demselben Gedanken vom Morgen oder einer anderen Affirmation wieder den Tag abschließen. Das ist ein wertvolles Ritual, und du wirst sehen, dass auch du viel besser danach schlafen wirst!

ZÄHLE DEINEN REICHTUM UND NICHT DEINE PROBLEME

Das, worauf du dich fokussierst, wird in deinem Leben wachsen. Es gibt Menschen, die den ganzen Tag nur jammern und über ihre Probleme sprechen. Mach das nicht! Damit machst du deine Probleme nur größer und wichtiger. Fang lieber damit an, all deinen Reichtum aufzuzählen.

Du fragst jetzt vielleicht: „Welchen Reichtum denn?"

Ja! Du bist unendlich reich! Auch wenn du gerade nicht Millionär bist. Nimm dir ein Blatt Papier und einen Stift und schreibe alles auf, was du schon hast und wofür du wirklich dankbar sein kannst: Du bist am Leben, du hast eine Familie, du bist gesund, du hast eine Schule besucht, du kannst lesen und schreiben, du hast täglich sauberes Wasser in der Dusche und Essen auf dem Tisch, du hast einen Laptop und Internet, du konntest dir dieses Buch kaufen, und, und, und. Wiederhole diese Übung immer genau dann, wenn du gerade anfängst, über deine Probleme nachzudenken. Du wirst sehen: Das macht einen unglaublichen Unterschied. Anstatt ein mürrisches Gesicht zu ziehen und „Ach, mir geht es so schlecht" zu denken, wirst du plötzlich viel besser drauf sein und sagen: „Hey, was ich alles habe. Genial! Vielen Dank, liebes Leben!"

Also: Leg deinen Fokus auf das, was du alles hast und nicht auf das, was dir noch fehlt. Du wirst sehen: Es wird dein Leben verändern!

LEBE DEINEN TRAUM UND TRÄUME NICHT DEIN LEBEN LANG

Viele Menschen träumen ihr Leben lang von dem Leben ihrer Träume, aber du kannst wirklich alles erreichen. Du musst nur etwas dafür tun! Wenn du am Meer leben willst, solltest du einfach dort hinfliegen und es dir ansehen. Manche Träume sind Illusionen. Wir malen uns etwas aus und es passt in der Realität gar nicht zu uns. Andere Träume sind wirklich das, was wir am allerliebsten leben würden. Das sind die Dinge, an die du denkst und bei denen du ganz kribbelig vor Freude wirst. Diese Träume solltest du unbedingt in die Tat umsetzen! Sonst wirst du sie irgendwann aus den Augen verlieren, begraben und darüber sehr, sehr frustriert sein.

Glaub mir einfach: Du kannst deine Träume verwirklichen. Du brauchst dazu eventuell Fachwissen, Weiterbildungen, einen Coach oder Trainer oder etwas ganz Anderes. Vielleicht dauert es auch etwas länger, als du es dir vorgestellt hast. Oder viel kürzer – wer weiß das schon?! Wichtig ist einfach, dass du heute anfängst, deine Träume in die Tat umzusetzen. Warte dazu nicht einen weiteren Tag, denn jetzt hast du die Motivation. Wenn du es aufschiebst, wird sich ziemlich sicher nichts ändern. Setz wirklich alles daran, dein Ziel zu erreichen, dann wird es auch irgendwann klappen.

HIER NOCH EIN PAAR ANGEWOHNHEITEN, DIE MIR IN MEINER ZEIT IN DER THERAPIE GEHOLFEN HABEN, MEIN LEBEN ZU VERÄNDERN:

1) Dich selbst kennen lernen

Je besser du dich selbst kennst, desto besser kannst du auch Dinge in die Tat umsetzen und deine Träume verwirklichen. Wenn du zum Beispiel ein total vergeistigter Professor bist, dann weißt du ja schon, dass du Teile von dir entwickeln musst. Vielleicht musst du besser reden und verkaufen lernen, oder du musst aktiver werden, anstatt immer nur abzuwarten. Oder du holst dir Unterstützung von anderen, die gut im Reden oder Machen sind. Je besser du dich kennst, desto schneller kommst du voran und desto erfolgreicher kannst du werden.

2) Bei negativen Gedanken – sofort „ungültig" denken oder laut sagen

Das ist eigentlich eine ganz einfache Übung, aber du musst halt wirklich konsequent dranbleiben. Jedes Mal, wenn so ein negativer Gedanke hochkommt, dann musst du „ungültig" sagen. Egal, ob der Gedanke neu ist oder sich eben verkleidet, wenn er negativ ist und dich herunterzieht, dann weißt du, was zu tun ist! Sei stärker als deine Gedanken! Erzieh sie dir, wie du dir einen Hund erziehen würdest, denn letztlich ist unser Gehirn einfach nur daran gewöhnt, negatives Zeug zu denken. Lass das nicht mehr zu!

3) Tägliche Disziplin, wie zum Beispiel 100 Liegestütze, eine eiskalte Dusche, Joggen oder einen anderen Sport.

Es ist ja jetzt nicht jeder ein Sportfan, aber ein bisschen hat noch keinem geschadet. Du musst ja nicht gleich den nächsten Marathon mitlaufen, aber jeden Tag ein paar Übungen zu wiederholen, bringt dir einfach Power: Dein Selbstbewusstsein wächst, weil du durchziehst, was du dir vorgenommen hast. Dadurch wird auch dein Vertrauen in dich selbst stärker. Nicht zuletzt bringt die tägliche Disziplin dir einfach Rückenwind. Die Durchblutung wird angeregt. Das macht den ganzen Körper fitter und wacher. Dein Körper wird stärker und muckt nicht mehr bei jeder kleinen Erkältung herum - und du weißt, wozu du alles fähig bist.

4) Auf die Details achten („die drei Strohhalme")

Du erinnerst dich sicher noch an den Moment aus der Therapie: Ich habe den Stall saubergemacht und drei Strohhalme lagen noch am Boden. Erst wollte ich sie ignorieren, aber dann drehte ich doch um und hob sie auf. Das hat etwas in mir gewandelt. Ich war plötzlich viel aufmerksamer bei allen Details. Letztlich ist es das, was dich wirklich weit bringt. Wenn du auf jede Kleinigkeit achtest, dann wird deine Arbeit irgendwann einfach unschlagbar gut. Du wirst zum Profi auf deinem Gebiet und bringst eine Top-Leistung. Ich bin zwar ein Chaot, aber ein echt gut organisierter Chaot. All das hat bei mir mit drei Strohhalmen angefangen.

Jetzt überleg einmal: Was sind bei dir die Strohhalme deiner Arbeit? Die kleinen Dinge, über die du vielleicht sonst schnell hinweggehst? An welchen Details sind schon oft Dinge bei dir gescheitert?

Lerne die Strohhalme aufzuheben, und du wirst um Längen besser werden, denn damit kommst du in die nächste Liga!

5) Steck dir Ziele und erreiche sie – das stärkt dein Selbstvertrauen. Erst kleine Ziele und dann immer größere

Gewöhne dir an, wirklich alle Dinge, die du dir vornimmst, auch zu erreichen. Es gibt ja so Spezialisten, die tausend Sachen anfangen und keine davon zu Ende bringen, aber das bringt dir nichts Gutes. Du verlierst nur das Vertrauen in dich selbst. Nimm dir lieber eine Sache vor, die du auch wirklich erreichen kannst und zieh sie bis zum Ende durch. Gerade dann, wenn du dazu neigst, die Sachen immer anzufangen und wieder aufzugeben, verordne dir selbst weniger Ziele. Nimm dir etwas vor, erreiche es und dann nimm dir das nächste vor. Klar gibt es auch kleinere Ziele, die du schneller erreichst und größere Ziele, für die du etwas mehr Zeit brauchst.

Am Anfang ist es immer gut, mit kleinen, gut erreichbaren Zielen zu „üben". Danach kannst du dir immer mehr vornehmen und immer größere Ziele stecken.

6) Denke oder sage täglich Affirmationen

Über die Affirmationen habe ich ja schon ausführlich geschrieben.

Wähle dir zwei bis drei Affirmationen, die dir richtig Kraft geben und die Spaß machen. Wiederhole sie täglich, so oft du kannst. Wenn du merkst, das bei einer Affirmation die Luft heraus ist, ersetze sie durch eine neue. Du kannst auch in YouTube-Videos und Podcasts Affirmationen finden. Höre dir solche Sachen morgens und abends an. Nutze auch dein Handy dazu. Schreib dir zum Beispiel Affirmationen und motivierende Sätze in den Kalender.

7) Lies motivierende Bücher

Ich schaue kaum fern und lese auch nur Bücher, die mich motivieren. Es gibt ja auch viel Negatives, was du lesen kannst. Mein Tipp: Lass es lieber!

Es bringt dir nichts. Negative Bücher verstärken nur deine negativen Gedanken. Umgekehrt können motivierende Bücher deine Gedanken auf positive Weise trainieren. Es ist eine super Idee, immer ein solches Buch dabei zu haben. Gerade dann, wenn du down bist, ziehst du das Buch heraus oder hörst dir im Internet oder über Handy etwas an und lässt dich davon motivieren!

DIE KRAFT DES POSITIVEN DENKENS

Jetzt machen wir noch einen kleinen Ausflug zu Norman V. Peale und seiner Beschreibung von dem, was er „die Kraft des positiven Denkens" nennt. Heute sprechen ja viele von diesem Thema, aber er hat schon sehr früh darüber geschrieben und einige sehr gute Beispiele dafür parat.

Peale beschreibt das Universum wie einen riesigen Raum mit einem eigenen Echo. Was wir hineinrufen, wird früher oder später zu uns zurückkommen. Eigentlich ist das Leben gar nicht so kompliziert. Peale schafft das, in seinem Buch echt genial einfach zu beschreiben:

DU ERNTEST, WAS DU SÄST

Das ist eigentlich ganz einfach: Wenn du Kartoffeln säst, kannst du nicht Weizen ernten, richtig? Genauso ist das mit allen Dingen in unserem Leben. In dem Buch steht zum Beispiel: „Wenn Sie die Menschen lieben, so wird diese Liebe auf sie zurückstrahlen. Wenn Sie Zorn und Hass säen, ist Zorn und Hass, was sie auch ernten werden."

Was steckt anderes hinter Hass und Zorn als Neid und Frustration? Dahinter steckt wiederum die Angst, seine Ziele nicht zu erreichen und sein Leben nicht voll zu leben. Angst ist der größte Feind unserer Gedanken, denn sie hindert uns ständig daran, zu unserer vollen Größe zu wachsen. Das geht allen so, nicht nur dir und mir. Die einzige Möglichkeit, wie du aus der Angstfalle herauskommst, ist, dich auf etwas Positives zu fokussieren: auf das, was du willst und das, was du geben kannst.

WER EIN GUTER FREUND IST, HAT GUTE FREUNDE

„Wenn Sie vor allem an sich und Ihre eigenen Interessen denken, werden die Menschen sich niemals von Ihnen angezogen fühlen. Wenn Sie zuerst an andere denken und sich selbst hintanstellen, wird Jedermann ihr Freund sein."

Das ist, glaube ich, auch recht klar. Je weiter du in deinem Geschäft kommst, desto mehr wirst du gute und echte Freunde zu schätzen wissen. Freundschaft heißt, dass man sich gut behandelt, fair und ehrlich ist und nur das Beste für den anderen will. Wie immer fängst du am besten bei dir an. Gerade wenn du „Mensch, ich habe gerade gar keine richtig guten Freunde" denkst, dann tue heute etwas für andere. Denk erst an die Menschen um dich herum und schau, wie du ihnen etwas Gutes tun kannst.

Wenn du dir das zur Gewohnheit machst, wirst du sehen, wie das Gute zu dir zurückkommt. Die Leute werden dir etwas Gutes tun wollen. Sie werden dich mit tollen Dingen überraschen. Gute Freunde sind unbezahlbar und neben der Familie sind es die wichtigsten Beziehungen in deinem Leben.

Die Menschen, mit denen du am meisten Zeit verbringst, haben eine Wirkung auf dich. Sie färben sozusagen auf dich ab – im Guten wie im Schlechten. Deshalb solltest du dir deine Freunde auch genau auswählen. Meide die Leute, die dich nur herunterziehen und umgib dich mit Leuten, die dich motivieren und weiterbringen.

DU BIST, WAS DU VON DIR DENKST

„Wenn Sie im Geiste ein Bild von sich als einem minderwertigen Menschen tragen, so werden Sie minderwertig sein, weil Sie auf schüchterne, unwirksame Weise handeln."

Das ist auch genau das, was ich mit diesem Buch sagen möchte. Was du heute bist, ist das Ergebnis deiner vergangenen Gedanken. Was du morgen sein wirst, ist das Ergebnis deiner heutigen Gedanken. Eigentlich ist es ganz logisch.

Das Problem ist leider: Oft merken wir einfach nicht, was wir den ganzen Tag so denken. Mir hat da unglaublich gut das Tagebuch geholfen. Da fängst du dann an zu sehen: „Aha, da und da war ich ja echt mies drauf" oder „Oha, bei dem Thema bin ich total negativ eingestellt".

Eine andere Möglichkeit ist es, Seminare zu besuchen oder dir einen Coach zu holen. Egal, was für dich am besten funktioniert, wichtig ist nur: Tu etwas gegen die negativen Gedanken. Baue dir ganz bewusst ein positives Bild von dir selbst, und handle auch danach.

Viele Leute überlassen ihr Leben dem Zufall. Mach das nicht! Dein Leben ist ein wertvolles Geschenk. Du solltest es voll auskosten. Dazu musst du aber anfangen, in deinem Leben zu bestimmen, wo es langgeht.

Das A und O dabei ist:

> Achte auf deine Gedanken. Sie werden zu deinen Worten.
>
> Achte auf deine Worte. Sie werden zu deinen Taten.
>
> Achte auf deine Taten. Sie werden zu deinem Leben.

ALLES, WAS DU FÜR MÖGLICH HÄLTST, IST MÖGLICH

Damit wir uns da richtig verstehen: Ich bin ein hart arbeitender Mann. Geld wächst nicht auf den Bäumen und fällt auch nicht vom Himmel, aber de facto ist alles möglich, was wir selbst für möglich halten. Du musst dir ein Ziel setzen. Dann gib all deine Kraft in deine Vorstellung, wie sich dein Ziel verwirklicht. Du musst glauben können, dass du Berge versetzen kannst. Erweitere stetig deinen Horizont und gibt dich nicht mit weniger zufrieden. Falsche Bescheidenheit bringt dich da nicht weiter.

Du alleine entscheidest in deinem Leben, was möglich ist und was nicht. Schau, ich war einmal drogenabhängig und heute bin ich erfolgreicher Unternehmer. Ich habe als Maler angefangen und jetzt bin ich der Chef und Inhaber mehrerer Firmen. Es ist ja nicht so, dass ich mit einem silbernen Löffel im Hintern geboren wurde. Ich habe mir alles wirklich erarbeitet. Deshalb weiß ich genau: Du kannst das auch schaffen! Wenn ich es geschafft habe, aus der Junkie-Szene herauszukommen, dann überleg einmal, was du alles schaffen kannst.

DIE GESETZE DER GEWINNER

Ich erinnere mich an eine Geschichte aus dem Buch „Die Gesetze der Gewinner" von Bodo Schäfer:

Ein Kind sieht drei Gärtner in ihren Gärten arbeiten. Der erste Gärtner ist hektisch und kommt mit dem Jäten gar nicht hinterher, so schnell wächst das Unkraut wieder nach. Der zweite Gärtner hat angefangen, Blumen anzupflanzen, die schneller wachsen als das Unkraut. Er ist entspannt, pfeift vergnügt und sein Garten sieht sehr schön aus. Doch der dritte Garten ist die Krönung: Hierin wachsen alle Giftpflanzen der Welt. Der dritte Gärtner ist ein weiser Arzt, der gelernt hat, aus Gift Medizin zu machen.

In dieser Geschichte geht es um die Angst, die jeder von uns kennt. Mutig sein, heißt nicht, keine Angst zu haben. Mutig ist man, wenn man trotz der Angst Schritte unternimmt, um sie zu überwinden, und indem man das Gift der Angst in eine Medizin verwandelt. Wenn wir unsere Angst ignorieren oder vor ihr davonlaufen, wird sie zu einem übermächtigen Gespenst in unserem Leben, das uns ständig erschreckt. Stattdessen können wir die Angst aber anschauen und kennen lernen. Dadurch wird sie kleiner. Oder wir können sie überstrahlen – so wie man ein dunkles Zimmer mit Licht erhellt. Aber wie „knipst" man dieses Licht an? Anders gefragt: Was ist das Gegenteil von Angst? Nein, es ist nicht Mut. Auch mutige Menschen haben Angst, aber sie handeln eben trotzdem. Genau das ist ja das Mutige an ihnen. Das Gegenteil von Angst ist Dankbarkeit. Wenn man dankbar für die Dinge ist, die man hat, kann man gar keine Angst mehr empfinden.

Noch ein guter Weg, die Angst zu überwinden, ist es, uns auf ein Ziel zu konzentrieren. Wenn ich mit meiner ganzen Aufmerksamkeit auf meinem Ziel fokussiert bin, habe ich in mir gar keinen Platz für Angst. Ich habe daraus eine Routine gemacht: Täglich stelle ich mir ein paar Minuten meine Ziele vor. Ich sehe sie deutlich vor meinem inneren Auge, als wären sie schon wahr geworden. In diesen Minuten habe ich absolut keine Angst. Falls die Angst wiederkommt, dann verstehe ich es sogar mittlerweile als Signal: Jetzt darfst du dich wieder mehr auf deine Ziele konzentrieren.

Es gibt noch eine weitere Übung, um die Ängste besser in den Griff zu bekommen:

Überlege dir einmal, wie viel Prozent deiner vergangenen Ängste wahr geworden sind. Dann entscheide, ob du diese Energie lieber in deine Ziele legst als in deine Ängste. Real begründete Ängste in unserem Leben sind etwa fünf Prozent. Wir leiden also ziemlich viel an Ängsten, die grundlos sind. Ist das nicht reine Zeitverschwendung?

Konzentriere dich auf das, was du willst und nicht auf das, was du nicht willst. Stell dein Navigationssystem in Richtung deiner Ziele ein und tritt dann aufs Gaspedal. Ich hoffe, dieses Buch motiviert dich, das Allerbeste aus deinem Leben herauszuholen. Denn ich kann dir sicher sagen: Es ist möglich!

DANKSAGUNG

Ich danke meiner Mutter und meinem Vater, dass sie immer an mich geglaubt haben. Ich danke meinem Vater, dass er mit 59 Jahren seinen Beruf aufgab, um mir zu helfen, die Firma aufzubauen.

Dank gebührt meinen Schwestern Tanja und Claudia, die mich immer unterstützt haben, meiner Ex-Freundin Lydia, die während meiner Drogenzeit stark zu mir hielt und meinen Freunden, die mir Kraft gaben. Danke auch meinen Verwandten und Bekannten.

Ein spezieller Dank geht an meine Frau Karen, die ich über alles liebe, und meine Kinder Lorenzo, Alejandro und Chanelle, dass ihr mir den Rücken freihaltet und mir so viel Liebe und Kraft gebt.

Danke auch an meine Ghostwriterin Annette für die unkomplizierte Zusammenarbeit.

Danke an WhatsApp, denn vieles wurde darüber verschickt und korrigiert.

Danke an das Leben, den lieben Gott und das Universum. Danke für das schöne Leben, die Liebe und die Energie, die ich jeden Tag erleben darf.

Danke!!!

SCHLUSSWORT

Wir sind nun am Ende dieses Buches angelangt. Ich hoffe, dass du viel Mut und Motivation daraus mitnimmst. Egal, welchen Problemen du dich gerade stellen musst, ich weiß: Du kannst das schaffen! Wenn du dieses Buch bis zum Ende gelesen hast, dann hast du bereits gezeigt, dass es dir Ernst damit ist, dein Leben zu verbessern. Wenn du die Tipps beherzigst und befolgst, dann kannst du wirklich Schritt für Schritt deine Ziele erreichen.

Lass dich vom Leben überraschen. Es ist noch viel kreativer als du und ich zusammen. Wenn du einmal loslegst, dann wirst du sehen: Du bekommst von überall Hilfe. Glaub an dich und gib nie, nie, niemals auf.

Ich drücke dir die Daumen und wünsche dir alles Gute!

Dein

Mario Cortesi (Spitzname: Loco)

EMPFEHLUNGEN

BÜCHER

Norman V. Peale:	Die Kraft des positiven Denkens
Bodo Schäfer:	Die Gesetze der Gewinner
René Egli:	Das LOL²A-Prinzip
Dale Carnegie:	Alle Bücher
Pierre Franckh:	Alle Bücher

SEMINARE

Franz Albisser	www.salesgeneration.ch
Dale Carnegie	www.dalecarnegie.de
René Egli	www.lolaprinzip.ch
Stefan Merath	www.unternehmercoach.com